A INCONSTITUCIONALIDADE DAS "CONTRIBUIÇÕES" DO AGRONEGÓCIO

CIP-BRASIL. CATALOGAÇÃO NA PUBLICAÇÃO

SINDICATO NACIONAL DOS EDITORES DE LIVROS, RJ

R24i

Rebouças, Daniele Fukui
A inconstitucionalidade das "contribuições" do agronegócio / Daniele Fukui Rebouças.
- 1. ed. - São Paulo : Noeses, 2024.

212 p. ; 23 cm.
Inclui bibliografia e índice
ISBN 9788583102007

1. Incentivos fiscais - Agroindústria. I. Título.

24-92154 CDU: 336.248:338.43

Gabriela Faray Ferreira Lopes - Bibliotecária - CRB-7/6643

Daniele Fukui Rebouças

Advogada. Mestre e especialista em Direito Tributário (IBET). Especialista em processo civil (UFMT). Presidente da Comissão de Direito Tributário da OAB/MT (2019/2021) (2022/2024) Conselheira do Conselho de Contribuintes do Estado de Mato Grosso (SEFAZ/MT-2018/2020). Conselheira Estadual da OAB/MT (2019/2021). Membro Consultora da Comissão Nacional Especial de Direito Tributário (2022/2024).

A INCONSTITUCIONALIDADE DAS "CONTRIBUIÇÕES" DO AGRONEGÓCIO

2024

editora e livraria

NOESES

Fundador e Editor-chefe: Paulo de Barros Carvalho
Gerente de Produção Editorial: Rosangela Santos
Arte e Diagramação: Renato Castro
Revisão: Georgia Evelyn Franco
Designer de Capa: Aliá3 - Marcos Duarte

2024

editora e livraria
NOESES

Editora Noeses Ltda.
Tel/fax: 55 11 3666 6055
www.editoranoeses.com.br

Este trabalho é dedicado aos meus amores, Maria Luiza, Luiz Augusto, Issamu (in memoriam), Cássia, Fernanda e Marcos.

AGRADECIMENTOS

Este livro é a realização de um sonho.

Primeiramente, agradeço a Deus por me dar força e inspiração para acreditar que poderia fazer o mestrado durante um dos períodos mais desafiadores da minha vida pessoal, e com isso, concretizar o sonho de publicar esta obra.

Minha inspiração e força tem nome: Maria Luiza.

Deus me deu uma grande missão com a minha filha, que me mostrou o quanto posso ser forte e que meus sonhos são possíveis, que não preciso desistir dos meus objetivos para ser uma boa mãe. Na verdade, foi por causa dela que ingressei no mestrado em direito tributário pelo Instituto Brasileiro de Direito Tributário em São Paulo, conciliando desafios pessoais, profissionais e acadêmicos.

Ao meu marido Luiz Augusto, pela paciência e por cuidar da nossa filha nos dias que estive em aula buscando me tornar uma profissional mais qualificada na área tributária e realizando um sonho.

À minha mãe Cássia e à minha irmã Fernanda, agradeço o apoio e por acreditarem em mim. Elas foram fundamentais para me encorajar a ingressar no mestrado.

Ao meu pai Issamu, que me ensinou desde a infância a importância de buscar o aprendizado. Ele sempre dizia “que o conhecimento me levaria longe, e que é uma das únicas coisas que ninguém tiraria de mim”.

Ao meu orientador Fábio Pallaretti Calcini, que desde o início me fez acreditar que era possível fazer o mestrado e depois publicar esta obra. O seu exemplo sempre foi muito importante para mim, pois mesmo em meio a tantos desafios de saúde, nunca desistiu, pelo contrário, se mostra forte, sendo considerado um dos melhores advogados tributaristas do agronegócio deste país. Sua luta pela vida me encorajou e me fez acreditar que mesmo em meio a desafios de saúde, também daria conta.

Obrigada por ter prefaciado esta obra que é tão importante para mim, sendo fruto do trabalho de dissertação do mestrado feito sob a sua orientação. Seu conhecimento e experiência, aliados à forma cuidadosa e respeitosa de conduzir a orientação do trabalho, são admiráveis e foram extremamente importantes para a conclusão do trabalho.

Ao professor Robson Maia Lins, que esteve presente nos momentos mais importantes do mestrado, desde a entrevista para ingresso, até a banca de qualificação e examinadora. Minha gratidão pela oportunidade e conhecimento compartilhado. Por fim, me senti presenteada com a gentileza de suas palavras na apresentação desta obra.

Agradeço aos membros da banca de qualificação e examinadora do mestrado, Osvaldo Santos de Carvalho e Tácio Lacerda Gama, por dedicarem seu tempo para avaliar este trabalho e fornecerem valiosos comentários e sugestões que ajudaram a melhorar a qualidade com reflexões mais profundas em torno do tema proposto, viabilizando a publicação desta obra.

Além disso, gostaria de expressar minha gratidão aos amigos Francisco Barreto e Caique Tadao por suas críticas construtivas, ideias compartilhadas e encorajamento constante.

À equipe do meu escritório, Fukui Rebouças Advogados, que me deu suporte necessário para que tudo isso fosse possível.

Aos amigos do mestrado, que foram fundamentais para manter meu ânimo e motivação ao longo desta jornada.

Aos professores e colaboradores do IBET, à editora Noeses, enfim, a todos que, de alguma forma, contribuíram para a publicação desta obra.

Este trabalho não teria sido possível sem o apoio e contribuições de cada uma dessas pessoas.

Muito obrigada!

APRESENTAÇÃO

Honrou-me Daniele Fukui Rebouças com o convite para apresentar sua mais recente obra jurídica, em boa hora publicada pela Editora Noeses.

Tive a feliz surpresa de entrevistá-la durante o processo seletivo para ingresso no Mestrado Acadêmico do Instituto Brasileiro de Estudos Tributários – IBET, ocasião em que já se mostrava séria e ponderada, digna da promissora aprovação alcançada.

A partir de então, com entusiasmo, passei a observar sua disciplinada caminhada acadêmica, coroada com uma dissertação autêntica, própria de quem desinibidamente se propôs a analisar questões jurídicas controversas e dotadas de inescondível importância social.

Como poucas pessoas, a autora soube equilibrar diversas atividades, funções e encargos. Praticante de hábitos saudáveis, “mãe coruja”, pessoa devotada à família, cidadã engajada, tributarista proativa, advogada militante e profissional reconhecida por sua atuação interdisciplinar. Eis apenas alguns de seus bem-aventurados papéis.

Desconhecendo qualquer suposta incompatibilidade entre teoria e prática, Daniele Fukui Rebouças fez um profícuo uso de sua experiência jurídica para produzir linguagem científica genuína e socialmente relevante, com o pendor hermenêutico-analítico necessário ao esquadrinhamento das muito peculiares e criativas contribuições estaduais, pretensamente facultativas, que há mais de duas décadas oneram a cadeia econômica plurifásica do agronegócio em caráter difuso e heterogêneo.

De modo original e destemido, a autora ofertou à comunidade jurídica um corpo de conhecimentos bem urdido, paulatinamente concatenado e didático, que reputo imprescindível àqueles que pretendam se contextualizar nesse fenômeno exacional *sui generis*, para o qual a jurisprudência do Supremo Tribunal Federal – STF não nos parece ter ofertado todas as respostas necessárias.

E para além das questões jurídicas ainda pendentes de resolução jurisdicional satisfatória, é provável que novos capítulos de controvérsia judicial exsurjam, a começar pelo sentido e alcance das novéis prescrições do art. 136 do Ato das Disposições Constitucionais Transitórias – ADCT, incluído pela Emenda Constitucional – EC nº 132/2023, *in verbis*:

> Art. 136. Os Estados que possuíam, em 30 de abril de 2023, fundos destinados a investimentos em obras de infraestrutura e habitação e financiados por contribuições sobre produtos primários e semielaborados estabelecidas como condição à aplicação de diferimento, regime especial ou outro tratamento diferenciado, relativos ao imposto de que trata o art. 155, II, da Constituição Federal, poderão instituir contribuições semelhantes, não vinculadas ao referido imposto, observado que:
>
> I - a alíquota ou o percentual de contribuição não poderão ser superiores e a base de incidência não poderá ser mais ampla que os das respectivas contribuições vigentes em 30 de abril de 2023;
>
> II - a instituição de contribuição nos termos deste artigo implicará a extinção da contribuição correspondente, vinculada ao imposto de que trata o art. 155, II, da Constituição Federal, vigente em 30 de abril de 2023;
>
> III - a destinação de sua receita deverá ser a mesma das contribuições vigentes em 30 de abril de 2023;

> IV - a contribuição instituída nos termos do caput será extinta em 31 de dezembro de 2043.
>
> Parágrafo único. As receitas das contribuições mantidas nos termos deste artigo não serão consideradas como receita do respectivo Estado para fins do disposto nos arts. 130, II, "b", e 131, § 2º, I, "b", deste Ato das Disposições Constitucionais Transitórias.

Resta-me, portanto, uma vez mais, congratular Daniele Fukui Rebouças por sua recente conquista acadêmica e desejar que o escrito ora apresentado encontre justo espaço literário, para bem orientar atuações profissionais, fomentar salutares debates e encorajar novas reflexões científicas.

Robson Maia Lins

Coordenador da Pós-Graduação (Mestrado e Doutorado)
em Direito da PUC/SP. Vice-Presidente do IBET.
Ex-Presidente do CNE. Advogado e Professor.

PREFÁCIO

É grande a alegria e honra que prefacio a obra “A inconstitucionalidade das ‘contribuições’ do Agronegócio”, da ilustre advogada Daniele Fukui Rebouças, publicada pela Editora Noeses, recomendando fortemente a leitura.

A autora é advogada tributarista militante, especialmente, no Estado do Mato Grosso, Mestre em Direito Tributário pelo IBET, por onde também havia se especializado. Também é Presidente da Comissão de Estudos Tributários e Defesa do Contribuinte da OAB/MT (Triênio 2019/2021 e triênio 2022/2024), Membro Consultora da Comissão Nacional Especial de Direito Tributário da OAB, tendo exercido ainda o mandato de Conselheira do Conselho de Contribuintes do Estado de Mato Grosso – SEFAZ/MT (Biênio 2018/2020). Mas, mais do que uma competente advogada e professora, Daniele é a mãe da Maria Luiza, a quem dedica notoriamente seu amor e sua vida.

O livro é fruto de sua dissertação de Mestrado do Programa de Pós-Graduação *Estrito Sensu* do IBET, que tive a honra de orientar e presidir, tendo sido aprovada com fortes elogios pela banca composta pelos queridos Professores Dr. Robson Maia Lins e Dr Tácio Lacerda Gama.

O tema enfrentado é extremamente atual e relevante, pois cuida de debater a legitimidade da criação por alguns

Estados, tais como o Mato Grosso, Goiás, entre outros, de "contribuições", supostamente facultativas, destinadas a arrecadar receitas, fundos que visam a investimentos, principalmente, em habitação e infraestrutura. Entres eles estão o FETHAB, FUNDERSUL, FUNDEINFRA e FET.

Para isso, a autora, sob as premissas teóricas do constructivismo logico-semântico, de nosso querido e grande Mestre Dr. Paulo de Barros Carvalho, analisa a estrutura rígida de nosso sistema constitucional tributário, bem como a noção jurídica de tributo para, então, avaliar os vícios de inconstitucionalidade que podem ser reconhecidos a tais exações estatais.

Assim, após descrever o histórico legislativo e toda a base normativa de tais contribuições destinadas aos Fundos, tem o mérito de traçar as respectivas regras-matrizes de incidência a fim de permitir uma reflexão detida e técnica do tema.

Mais do que isso, a Autora não se esquece de reforçar também o fato de que haveria forte contradição em criar tais contribuições, quando o texto constitucional reconhece a necessidade de um tratamento favorecido e diferenciado ao agronegócio, altamente gravado por tais exações.

Diante deste contexto jurídico, reconhece que existem diversas violações ao texto constitucional, uma vez que, como um tributo oculto, teria natureza tributária, sendo suposta facultatividade pura simulação normativa para se desviar do rígido sistema tributário brasileiro, que impõe limites ao exercício da competência tributária estatal. Neste sentido, merece destaque as ponderações a respeito da exigência de tais contribuições para operações destinadas às exportações, sobretudo, pelo fato de que, em verdade, a Constituição já as exonera, de maneira que não haveria fundamento de validade a permitir condições, especialmente, pecuniárias ao gozo deste direito subjetivo constitucional.

Por fim, mantendo toda a importância e atualidade do tema, a Autora finaliza o trabalho tratando da "Reforma Tributária", pois, por meio da Emenda Constitucional nº 132/2023, art. 136, do ADCT, houve uma suposta "convalidação" de tais exigências inconstitucionais, renovando o debate e a necessidade de reflexões adicionais.

Cumprimento a autora e a Editora Noeses pelo importante trabalho publicado, desejando que continue o caminho do árduo trabalho de contribuir com o Direito Tributário e o Agronegócio!

Ribeirão Preto/SP, 15 de maio de 2024.

Fábio Pallaretti Calcini

Mestre e Doutor em Direito do Estado pela PUC/SP.
Professor do IBET (Especialização e Mestrado).
Professor da FGV DIREITO SP (Pós-Graduação em Direito)
e do Curso Tributação no Agronegócio.

SUMÁRIO

INTRODUÇÃO

Desde a instituição da primeira contribuição a fundo estadual pelo estado de Mato Grosso do Sul, outras unidades federadas também criaram as suas respectivas contribuições com objetivo de financiar a infraestrutura das estradas, habitação, sendo que, ao longo dos anos, acabaram por ampliar o rol de destinação de tais recursos.

Não apenas os objetivos semelhantes, mas também o texto das normas instituidoras: surge com a roupagem de "contribuição", vinculada a um fundo, para usufruir incentivo, benefício ou diferimento fiscais relativos ao ICMS, sobre a produção do agronegócio (vegetal, animal e mineral), e buscando legitimá-los, destaca-se que são geridos por um conselho diretivo, composto por diversos órgãos. Nesse sentido, a diferença entre eles está mais relacionada à destinação do produto de arrecadação que acabou sendo ampliada, e também o campo de incidência do fundo, que em casos como o do fundo do estado de Mato Grosso incide também sobre o combustível.

São inúmeras as discussões que surgem em torno dos fundos, sendo que a primeira delas gira em torno da natureza jurídica, uma vez que para alguns não possui natureza tributária, já que é facultativa. Assim, o contribuinte pode ou não realizar a "contribuição" ao fundo, e, caso realize, será contemplado com uma "sanção premial", que é a possibilidade de valer-se do diferimento, incentivos ou benefícios fiscais relacionados ao ICMS. E sob outra ótica, possui natureza tributária, na medida em que o respectivo recolhimento é "condição" para poder usufruir do diferimento, de incentivos e de benefícios fiscais relacionados ao ICMS, portanto, é compulsório, e se enquadra no conceito de tributo previsto na legislação. Esta linha de raciocínio acaba desaguando em outras discussões a respeito das regras de competência para instituição do fundo e os limites do poder de tributar, dentro do qual se destaca a restrição para fins de usufruir da imunidade nas operações de exportação, dentre outros.

Demais disso, oportuno destacar que se trata de mais uma oneração imposta à cadeia de produção do agronegócio, que é um importante setor dentro da economia, que reflete diretamente no preço dos alimentos, que deve contemplar a dignidade da pessoa humana.

Busca-se refletir sobre o importante papel do agronegócio, sua realidade e peculiaridades, relacionados a questões de variação climática, à sazonalidade, à variação cambial, os vultosos investimentos com retorno a longo prazo na produção agrícola, dentre outros, todos aptos a justificar a necessidade de um tratamento diferenciado na tributação do setor, que resulta no diferimento, bem como nos incentivos e benefícios fiscais concedidos pelos Estados para fins de recolhimento do ICMS.

E nesse sentido, abordando desde as questões da rigidez do Sistema Constitucional Tributário, as regras de competência, limitações do poder de tributar, a noção de tributo e suas classificações busca traçar uma linha de raciocínio que viabilize uma melhor compreensão e classificação dos fundos.

Na medida em que os fundos foram sendo instituídos pelo Brasil afora, destacam-se as legislações estaduais instituidoras dos estados de Mato Grosso do Sul, Mato Grosso, Tocantins, Maranhão e Goiás. Aqui, registra-se que no estado do Paraná chegou a tramitar projeto de lei com o objetivo de instituir o Fundo de Desenvolvimento da Infraestrutura Logística do Estado (FDI/PR).

Demais disso, nota-se ainda que no decorrer dos anos, os legisladores estaduais também majoraram a carga sobre os produtos originais, por meio de alteração na forma de calcular, e também ampliaram os repasses a serem realizados pelo Governo aos municípios, chegando a prever destinação até mesmo para instituições privadas, e entidades como Poder Judiciário, Legislativo, Procuradoria do Estado e Tribunal de Contas.

Por fim, até mesmo o texto da Reforma Tributária sobre o consumo, passou a contemplar a possibilidade de instituir contribuições, não vinculadas ao ICMS, semelhantes aos fundos destinados a investimentos em obras de infraestrutura e habitação financiados por contribuições sobre produtos primários e semielaborados que atualmente são estabelecidas como condição à aplicação de diferimento, regime especial ou outro tratamento diferenciado, relativos ao imposto de que trata o art. 155, II, da Constituição Federal, mantendo-se a mesma destinação, mas que não poderão ter vigência posterior a 2043.

Portanto, fica evidente a importância da temática aqui proposta ser abordada com viés acadêmico, a fim de que viabilize uma reflexão diante dos enunciados constitucionais e legais, de uma forma propedêutica para que ao fim, possua subsídios para formação da convicção sobre o assunto, considerando o cenário antes da aprovação do texto da Reforma Tributária.

Demais disso, a "contribuição" passa a ser definitiva no sistema tributário (com vigência até o ano de 2043), em decorrência da aprovação do texto da Reforma Tributária, o que reforça a relevância do assunto a ser tratado pelos entes federados, e acarreta mais discussão em meio ao setor produtivo do agronegócio.

METODOLOGIA

No desenvolvimento do presente trabalho, realiza-se a intersecção entre a Ciência do Direito e a Ciência Econômica com o objetivo de demonstrar que, apesar de a discussão principal ter como pano de fundo a matéria de direito, nota-se que desde a criação dos fundos estaduais sobre as operações do agronegócio até o impacto da carga tributária transitam pela ciência econômica.

É de suma importância compreender as implicações econômicas da instituição da "contribuição" aos fundos estaduais sobre as operações do agronegócio por um estado, enquanto outro não possui nenhuma "contribuição" dessa espécie vigente ou, ainda, a consequência econômica das decisões legais e vice-versa.

A partir dessa análise, verifica-se que a interação entre a Ciência do Direito e a Ciência Econômica pode influenciar decisões práticas da atividade do agronegócio. A decisão do contribuinte pelo recolhimento ou não do fundo está diretamente relacionada também com a ciência econômica, uma vez que o contribuinte, antes de aderir e efetuar o pagamento, faz uma simulação do impacto do não pagamento do fundo e, consequentemente, deve pagar o ICMS e/ou penalidade pelo descumprimento da norma instituidora do fundo.

Outro exemplo que se vislumbra está na interdisciplinaridade decorrente da análise sobre o princípio da igualdade e da livre-concorrência, já que o produtor que suportará o encargo tributário do fundo terá sua produção mais onerada, o que acabará desaguando na violação da isonomia; e como consequência a violação da livre-concorrência.

Portanto, não se vislumbra a possibilidade de tratar das "contribuições" aos fundos estaduais sobre o agronegócio de forma separada da ciência do direito e da ciência econômica.

1. FUNDAMENTO DE VALIDADE, PERTENCIALIDADE E PRODUÇÃO DE EFEITOS DE ACORDO COM O CONSTRUCTIVISMO LÓGICO-SEMÂNTICO

Ao tratar sobre fundamento de validade, rememora-se a teoria de Hans Kelsen, segundo a qual cada norma deriva de outra norma hierarquicamente superior, que disciplina a sua respectiva produção. Logo, na Constituição da República, é que se encontra o fundamento jurídico para todas as normas que estejam abaixo dela, mas não para o fato que deu origem a Constituição.

É importante destacar que existem teorias que divergem quanto à análise do fundamento de validade. E nesse sentido, destaca-se que a partir da visão comunicacional do direito, não há como sustentar que norma jurídicas derivam de outra norma hierarquicamente superior. Para esta teoria

> [...] as normas tomadas como fundamento para realização dos fatos enunciativos de outras normas são tidas como hierarquicamente superiores às normas produzidas. [...] Neste contexto, chamamos de fundamento de validade as normas jurídicas tomadas como base para a produção de outras normas jurídicas, que

> acabam por legitimar a autoridade e o procedimento enunciativo como próprios para produção daquelas normas jurídicas.[1]

Logo, para a teoria comunicacional do direito, a fonte do direito é a enunciação (que depende de um ato de vontade de uma autoridade competente e mediante procedimento específico), portanto, os fatos enunciados que criam normas.

Nesse contexto, Robson Maia Lins dispõe:

> O direito é, por excelência, o depósito de valores de uma sociedade e os enunciados prescritivos de âmbito constitucional, nesse contexto, refletem o que mais de valioso existe para o meio social, uma vez que a atividade legislativa é exercida com fulcro no consentimento da sociedade.[2]

Dito isso, conclui-se que para a teoria comunicacional do direito, a adequação do fundamento jurídico não interfere na validade da norma (existência), mas tem grande importância para sua permanência no sistema do direito positivo.

Ou seja, enquanto os critérios de validade da norma estão relacionados a requisitos de pertencialidade, o fundamento de validade está ligado à fundamentação jurídica. Nessa linha de raciocínio, Aurora Tomazini esclarece que "a validade é aferida com a relação de pertencialidade da norma para com o sistema, e não com sua adequação às demais normas existentes neste sistema".[3]

Logo, a validade da norma mantém uma relação com o sistema do direito positivo, não se tratando especificamente de um atributo da norma.

---

1. CARVALHO, Aurora Tomazini de. *Curso de teoria geral do direito*: o constructivismo lógico-semântico. 6. ed. rev. e atual. São Paulo: Noeses, 2019, p. 738.

2. LINS, Robson Maia. *Curso de direito tributário brasileiro*. 2. ed., rev. e atual. São Paulo: Noeses, 2022, p. 159.

3. CARVALHO, Aurora Tomazini de. *Curso de teoria geral do direito*: o constructivismo lógico-semântico. 6. ed. rev. e atual. São Paulo: Noeses, 2019, p. 746.

Partindo desta linha de raciocínio, a sintonia entre a linguagem jurídica produzida e as normas de superior hierarquia que disciplinam a respectiva produção é critério de permanência no sistema do direito positivo e não de validade.

E isto nos remete a inconstitucionalidades e ilegalidades, que nada mais são do que normas jurídicas existentes no sistema jurídico em contradição com outras normas de hierarquia superior. Contudo, enquanto não existir, de forma expressa, a declaração de inconstitucionalidade, a lei é válida, produz efeitos jurídicos e não possui vícios, somente a partir da constituição jurídica por meio de linguagem competente que a norma deixará de ser válida por ser inconstitucional ou ilegal.

Especificamente sobre a "contribuição" aos fundos estaduais sobre as operações do agronegócio, muito se discute sobre a constitucionalidade e legalidade das leis estaduais instituidoras destas "contribuições", sendo que o confronto gira em torno do conteúdo das normas instituidoras das "contribuições" aos fundos (normas introduzidas), tratando-se de eventual vício material.

Ocorre que até a declaração de inconstitucionalidade, para o direito, a lei é válida, não sendo suficiente a simples constatação da existência do vício material para impedir a sua aplicação e invalidá-la. E é dentro deste contexto que os entes estaduais constituem relações jurídicas válidas e cobram as "contribuições" aos fundos até a expressa retirada do sistema por meio de linguagem competente, que pode ser emitida pelo Judiciário (inconstitucionalidade) ou pelo Legislativo (revogação).

Portanto, sem a declaração de inconstitucionalidade, ou revogação, as normas permanecem válidas e produzem seus derradeiros efeitos.

2. SISTEMA CONSTITUCIONAL TRIBUTÁRIO E SUA RIGIDEZ

A Constituição da República Federativa do Brasil reúne, no Título VI, as normas que tratam da tributação e do orçamento, e em especial o capítulo I, está dividido em seis seções, sendo que a primeira traz os princípios gerais, básicos e fundamentais para o sistema; o segundo sobre a limitação do Poder de Tributar; o terceiro elenca os impostos da União; o quarto, os impostos dos Estados e do Distrito Federal; o quinto, os impostos dos municípios e o sexto da repartição da receita tributária.

E embora este título da Constituição trate de forma expressa sobre a tributação, é importante ressaltar que a matéria tributária também ressai de outras normas do texto constitucional, que vai desde o federalismo, os direitos e garantias fundamentais, ordem social e econômica, dentre outras.

O Sistema Constitucional Tributário Brasileiro é composto por princípios[4] e regras constitucionais que servem de base e limites para o exercício da tributação. Assim, o

4. Art. 145. (...) § 3º O Sistema Tributário Nacional deve observar os princípios da simplicidade, da transparência, da justiça tributária, da cooperação e da defesa do meio ambiente. (Incluído pela Emenda Constitucional nº 132/2023)

poder de tributar é uma parcela da soberania estatal que se rege em harmonia com os cidadãos.

E a fim de garantir que os direitos fundamentais não sejam violados, tem-se em vista a Supremacia da Constituição, que decorre da submissão dos Entes e dos Poderes às normas constitucionais.

Neste contexto é que o constituinte traz um sistema tributário rígido, a fim de limitar a discricionariedade do legislador, dispondo que em alguns casos as alterações serão por emenda constitucional; a instituição e majoração de tributos se dará por meio de procedimento legislativo com *quórum* qualificado; traz a especificação dos tributos[5] e a competência dos entes para instituição; o rol taxativo de impostos, taxas, contribuições de melhoria, contribuições sociais e empréstimos compulsórios; e a competência residual para instituição de impostos e contribuições não nominadas expressamente no seu texto.[6]

Assim, "a rigidez do sistema constitucional tributário é reconhecida como princípio constitucional implícito que repercute diretamente sobre as competências tributárias tão amplamente detalhadas na CF/1988, não tendo o legislador ordinário liberdade para desenhar qualquer traço fundamental".[7]

---

5. "Na realidade, a CF/1988 predetermina o conteúdo material e define as hipóteses de incidência, estabelecendo cada espécie tributária e limitando, tanto formalmente quanto materialmente, os tributos que podem ser instituídos" (ÁVILA, Humberto. *Sistema constitucional tributário*. 4. ed. São Paulo: Saraiva, 2010, p. 110).

6. Dispositivos da Constituição da República de 1988 sobre: a) Impostos (arts. 145, inciso I; 153; 154; 155; e 156); b) Taxas (art. 145, inciso II); c) Contribuições de melhoria (art. 145, inciso III); d) Contribuições (artigos 149; 149-A; e 195); e) Empréstimos Compulsórios (artigo 148); f) Competência residual para instituição de impostos e contribuições (artigos 154, inciso I, e 195, parágrafo 4º).

7. ATALIBA, Geraldo. *Sistema Constitucional Tributário Brasileiro*. São Paulo: Revista dos Tribunais, 1968, p. 20.

Seguindo as disposições constitucionais, devem ser editadas as leis complementares e ordinárias seguindo as diretrizes traçadas por princípios que regem o sistema tributário, respeitando os limites do poder de tributar, e as competências expressas para cada ente instituir os seus respectivos tributos.

Sobre a estrutura hierarquizada do sistema do Direito Positivo, a doutrina de Paulo de Barros Carvalho dispõe:

> Examinando o sistema de baixo para cima, cada unidade normativa se encontra fundada, material e formalmente, em normas superiores. Invertendo-se o prisma de observação, verifica-se que das regras superiores derivam, material e formalmente, regras de menor hierarquia.[8]

Portanto, o rígido e analítico Sistema Constitucional Tributário deve ser respeitado pelo legislador federal, estadual e municipal na edição de suas leis em matéria tributária, observando os limites e competências atribuídas a cada ente.

Desse contexto, parte a reflexão inicial a respeito da criação das "contribuições" aos fundos e o limite imposto pela Constituição da República para cada ente estadual editar leis em matéria tributária e a necessária observância dos princípios da simplicidade, da transparência, da justiça tributária, da cooperação e da defesa do meio ambiente, inseridos no § 3º, do art. 145, da Constituição, por meio da Emenda Constitucional nº 132, de 2023.

2.1 Competência tributária

De início, registra-se que a Constituição da República não cria tributos, ela outorga competência tributária, que

8. CARVALHO, Paulo de Barros. *Curso de Direito Tributário*. 31. ed., rev. e atual. São Paulo: Saraiva, 2021, p. 145, grifos do autor.

nada mais é do que atribuir aptidão para criar tributos. Nesse sentido, dispõe Luciano Amaro:

> Por isso, a competência tributária implica a competência para legislar, inovando o ordenamento jurídico, criando o tributo ou modificando sua expressão qualitativa ou quantitativa, respeitados, evidentemente, os balizamentos fixados na Constituição ou outras normas que, nos termos de previsão constitucional, fixem os limites do campo possível de ser submetido à incidência pela lei criadora do tributo.[9]

A competência tributária ressai da manifestação de autonomia dos entes, União, Estados, Municípios e DF, para criar outras normas, dentro de certos limites expressos no sistema do direito positivo, e em especial pela Constituição da República.

Neste sentido, dispõe a Constituição na sessão II que trata da "Limitação do Poder de Tributar", e o Código Tributário Nacional, conforme ressai do capítulo I que trata da "Competência Tributária" e o capítulo II, que dispõe sobre a "Limitação do Poder de Tributar".

Conforme Aliomar Baleeiro anota, esses preceitos (art. 8º e parágrafo único do art. 6º, ambos do CTN) decorrem de que "a experiência mostrou a necessidade de deixar-se expresso o óbvio"[10].

> Art. 6º. A atribuição constitucional de competência tributária compreende a competência legislativa plena, ressalvadas as limitações contidas na Constituição Federal, nas Constituições dos Estados e nas Leis Orgânicas do Distrito Federal e dos Municípios, e observado o disposto nesta Lei.

---

9. AMARO, Luciano. *Direito Tributário Brasileiro*. 18. ed. São Paulo: Saraiva, 2012, p. 121-122.

10. Idem, p. 123.

> Parágrafo único. Os tributos cuja receita seja distribuída, no todo ou em parte, a outras pessoas jurídicas de direito público pertencerá à competência legislativa daquela a que tenham sido atribuídos.
>
> Art. 8º. O não exercício da competência tributária não a defere a pessoa jurídica de direito público diversa daquela a que a Constituição a tenha atribuído.

A repartição de competências tributárias foi a solução encontrada para garantir a independência dos entes federados, assegurado pelo sistema federativo. Nesse sentido, se manifesta Luís Eduardo Schoueri, que enfatiza a independência, mas não a autonomia dos entes na criação de novas normas.[11]

E embora "as normas de competência regulem a criação de outras normas, servindo-lhes, simultaneamente, de fundamento de validade",[12] a existência de uma norma de competência não resulta no surgimento automático de novos enunciados prescritivos, sendo necessário o ato de vontade, para que desponte um direito novo.

Assim, a norma jurídica tributária contempla em sua hipótese condições formais de criação da norma, enquanto que no seu consequente traz os limites materiais da competência tributária.

E dentre as características da competência tributária, pode-se destacar a classificação de Roque Antonio Carrazza: i) **privativa** ou exclusiva do sujeito que a exerce; (ii) a

---

11. "A adoção, em nosso sistema constitucional, de um regime jurídico de repartição de competências tributárias foi a solução encontrada para garantir a cada pessoa jurídica de direito público o montante de ingresso necessário à manutenção de sua independência assegurada, de resto, pelo sistema federativo" (SCHOUERI, Luís Eduardo. Discriminação de competências e competência residual. *In:* SHOUERI, Luis Eduardo; ZILVETI, Fernando Aurelio (coord.). *Direito tributário:* estudos em homenagem a Brandão Machado. São Paulo: Dialética, 1998. p. 82-115, p. 82).

12. GAMA, Tácio Lacerda. *Competência Tributária:* fundamentos para uma teoria da nulidade. 3. ed. rev. e ampl. São Paulo: Noeses, 2020, p. 169.

indelegabilidade que está relacionada a possibilidade ou não de atribuir a outro ente a aptidão para criação da norma; (iii) **incaducabilidade** que se relaciona com a previsão de limite de tempo para o exercício da competência; (iv) **inalterabilidade** que se trata da possibilidade do sujeito competente alterar os termos em que a competência lhe foi atribuída; (v) **facultatividade** que se relaciona a obrigatoriedade ou não de criação das normas e (vi) **irrenunciabilidade**, que significa que os entes não podem renunciar no todo ou em parte a competência tributária.[13]

Nesse sentido, Robson Maia Lins também cita, em seu *Curso de Direito Tributário Brasileiro*, as características da competência trazidas por Roque Antonio Carrazza nos termos acima destacados.[14]

A partilha das competências tributárias está diretamente relacionada com as especificidades dos diferentes tipos tributários, conforme detalha Luciano Amaro ao dispor que,

> Para os tributos cuja exigência depende de determinada *atuação estatal*, referível ao contribuinte, o critério de *partilha* se conecta com essa atuação: a pessoa política (União, Estado, Distrito Federal ou Município) que a estiver desempenhando legitimamente em competência para cobrar o tributo (taxa de polícia, serviço público, pedágio ou contribuição de melhoria). [...] Quanto aos tributos que *não dependem de determinada atuação do Estado* (como se dá, em geral, com os impostos), o *critério de partilha* se apoia na *tipificação* de *situações materiais* ("fatos geradores") que servirão de suporte para a incidência. [...] No que respeita às *contribuições sociais, às contribuições econômicas e às contribuições corporativas* (art. 149 da CF), o critério de definição é o

13. CARRAZZA, Roque Antonio. *Curso de Direito Constitucional Tributário*. 30. ed., revista, ampliada e atualizada até a Emenda Constitucional n. 84/2014. São Paulo: Malheiros, 2015, p. 590

14. Sobre o assunto, relevante contribuição foi dada pelo Professor Roque Antonio Carrazza, o qual sustenta em seu *Curso de Direito Constitucional Tributário*: "I – privatividade; II – indelegabilidade; III – incaducabilidade; IV – inalterabilidade; V – irrenunciabilidade; e VI – facultatividade do exercício" (LINS, Robson Maia. *Curso de direito tributário brasileiro*. 2. ed., rev. e atual. São Paulo: Noeses, 2022, p. 288-289).

> mais complexo. Embora, em regra, o citado art. 149 atribua essas figuras à competência da União (excetuada a situação prevista no § 1º do mesmo dispositivo), a Constituição procurou (a exemplo do que fez com os empréstimos compulsórios) balizar a competência, ao definir a *destinação* das comentadas contribuições.[15]

Em especial sobre a competência estadual, o art. 155 da Constituição da República[16] dispõe que compete aos Estados e DF instituir imposto sobre ITCMD; ICMS e IPVA. E com relação a contribuições, confere aos

> Estados, Distrito Federal e os Municípios a competência tributária restrita para instituição de contribuições sociais, com contribuintes definidos (os respectivos servidores) e destinação expressa (custeio do regime previdenciário de que trata o art. 40 da Constituição em proveito destes servidores) (CF, art. 149, § 1º, renumerado pela EC n. 39/2002, e com nova redação dada pela EC n. 41/2003).[17]

Considerando a atribuição e a autonomia conferidas pela Constituição da República aos entes estaduais para criação de certos tributos, a análise sobre a competência é importante para estabelecer-se o limite de cada ente (União, Estados, DF e Municípios) e, com isso, evitar eventual invasão da competência de outro ente federado, bem como evitar a criação de espécie tributária com regra- matriz de incidência idêntica pelo mesmo ente.

Destaca-se ainda que a abordagem sobre a Competência Tributária é relevante para o presente trabalho,

---

15. AMARO, Luciano. *Direito tributário brasileiro*. 18. ed. São Paulo: Saraiva, 2012, p. 118-121.

16. "Art. 155. Compete aos Estados e ao Distrito Federal instituir impostos sobre:
I - transmissão *causa mortis* e doação, de quaisquer bens ou direitos;
II - operações relativas à circulação de mercadorias e sobre prestações de serviços de transporte interestadual e intermunicipal e de comunicação, ainda que as operações e as prestações se iniciem no exterior;
III - propriedade de veículos automotores."

17. AMARO, Luciano, *op. cit.*, p. 121.

conforme se verá no item 5.1, em que se tratará da natureza jurídica e classificação dos fundos, objeto deste estudo.

Portanto, a análise da competência a partir de suas principais características torna mais didática a investigação sobre a sua observância pelos entes estaduais na criação da "contribuição" aos fundos estaduais.

2.2 Limitações do Poder de Tributar

É por meio da instituição de tributos e sua consequente arrecadação que o Estado busca atingir os seus fins e atender ao interesse da coletividade com saúde, educação, segurança, enfim, custear a máquina pública.

E ao exercer a atribuição de instituir tributos, deve observar os limites de suas competências e atribuições, e com isso não acabar violando além dos enunciados do texto constitucional, garantias e direitos fundamentais dos indivíduos.

Tamanha é a importância da imposição dos limites aos Entes tributantes no exercício de sua competência de instituir tributos, que a Constituição da República traz uma seção específica com o título "Das Limitações do Poder de Tributar", contemplado no capítulo relativo ao Sistema Tributário Nacional. E nesse sentido não apenas nos enunciados da seção mencionada que são contemplados os limites do poder de tributar, mas também em outros dispositivos da Constituição e outros tipos normativos, tais como lei complementar, resoluções do Senado e Convênios. Assim, "os limites da competência tributária não se resumem aos que estão definidos no texto constitucional."[18]

São limitações ao poder de tributar os princípios constitucionais tributários, as imunidades tributárias, e outras disposições que podem estar veiculadas por normas de

---

18. AMARO, Luciano. *Direito tributário brasileiro*. 18. ed. São Paulo: Saraiva, 2012, p. 128.

inferior hierarquia, que atuam no sentido de complementar o aspecto material referente à competência tributária, definindo o modo que se dará este exercício, papel desempenhado pelas leis complementares, que conforme dispõe o enunciado do art. 146 da Constituição[19] é competente para editar "normas gerais de direito tributário" e regular as "limitações do poder de tributar", que o faz por meio do Código Tributário Nacional que traz dentre outros dispositivos sobre os requisitos da imunidade de certas entidades, na alínea "c" do inciso IV do art. 9º c.c. art. 14;[20] princípio

19. "Art. 146. Cabe à lei complementar:
I - dispor sobre conflitos de competência, em matéria tributária, entre a União, os Estados, o Distrito Federal e os Municípios;
II - regular as limitações constitucionais ao poder de tributar;
III - estabelecer normas gerais em matéria de legislação tributária, especialmente sobre:
a) definição de tributos e de suas espécies, bem como, em relação aos impostos discriminados nesta Constituição, a dos respectivos fatos geradores, bases de cálculo e contribuintes;
b) obrigação, lançamento, crédito, prescrição e decadência tributários;
c) adequado tratamento tributário ao ato cooperativo praticado pelas sociedades cooperativas.
d) definição de tratamento diferenciado e favorecido para as microempresas e para as empresas de pequeno porte, inclusive regimes especiais ou simplificados no caso do imposto previsto no art. 155, II, das contribuições previstas no art. 195, I e §§ 12 e 13, e da contribuição a que se refere o art. 239."

20. Art. 9º É vedado à União, aos Estados, ao Distrito Federal e aos Municípios:
IV - cobrar imposto sobre:
c) o patrimônio, a renda ou serviços dos partidos políticos, inclusive suas fundações, das entidades sindicais dos trabalhadores, das instituições de educação e de assistência social, sem fins lucrativos, observados os requisitos fixados na Seção II deste Capítulo;
Art. 14. O disposto na alínea c do inciso IV do art. 9º é subordinado à observância dos seguintes requisitos pelas entidades nele referidas:
I – não distribuírem qualquer parcela de seu patrimônio ou de suas rendas, a qualquer título;
II - aplicarem integralmente, no País, os seus recursos na manutenção dos seus objetivos institucionais;
III - manterem escrituração de suas receitas e despesas em livros revestidos de formalidades capazes de assegurar sua exatidão.
§ 1º. Na falta de cumprimento do disposto neste artigo, ou no § 1º do art. 9º, a autoridade competente pode suspender a aplicação do benefício.
§ 2º. Os serviços a que se refere a alínea c do inciso IV do art. 9º são exclusivamente, os diretamente relacionados com os objetivos institucionais das entidades de que

da legalidade, no art. 97[21] e princípio da anterioridade no art. 104.[22]

São princípios constitucionais de limitação do poder de tributar: i) Princípio da legalidade tributária e da tipicidade; ii) Princípio da irretroatividade da lei tributária; iii) Princípio da anterioridade da lei tributária; iv) Princípio da isonomia ou igualdade tributária; iv) Princípio da Capacidade contributiva; v) Princípio da vedação de tributo confiscatório; vi) Princípio da liberdade de tráfego; vii) Princípio da transparência dos impostos; viii) Princípios e regras específicos de determinados impostos; ix) princípios tributários decorrentes da ordem econômica E ainda, imunidades tributárias, limitações de alíquotas, limitações quanto a base de cálculo e limitações à concessão de isenções e benefícios.

Nessa linha de raciocínio, Luciano Amaro enfatiza que "Desse modo, as chamadas 'limitações do poder de tributar' integram o conjunto de traços que demarcam o *campo, o modo, a forma e a intensidade de atuação do poder de*

---

trata este artigo, previstos nos respectivos estatutos ou atos constitutivos."

21. "Art. 97. Somente a lei pode estabelecer:
I - a instituição de tributos, ou a sua extinção;
II - a majoração de tributos, ou sua redução, ressalvado o disposto nos arts. 21, 26, 39, 57 e 65;
III - a definição do fato gerador da obrigação tributária principal, ressalvado o disposto no inciso I do § 3º do art. 52, e do seu sujeito passivo;
IV - a fixação de alíquota do tributo e da sua base de cálculo, ressalvado o disposto nos arts. 21, 26, 39, 57 e 65;
V - a cominação de penalidades para as ações ou omissões contrárias a seus dispositivos, ou para outras infrações nela definidas;
VI - as hipóteses de exclusão, suspensão e extinção de créditos tributários, ou de dispensa ou redução de penalidades. (...)"

22. "Art. 104. Entram em vigor no primeiro dia do exercício seguinte àquele em que ocorra a sua publicação os dispositivos de lei, referentes a impostos sobre o patrimônio ou a renda:
I - que instituem ou majoram tais impostos;
II - que definem novas hipóteses de incidência;
III - que extinguem ou reduzem isenções, salvo se a lei dispuser de maneira mais favorável ao contribuinte, e observado o disposto no artigo 178."

tributar (ou seja, do poder, que emana da Constituição, de os entes políticos criarem tributos)".[23]

Trata-se de limites ao exercício do poder de tributar diretamente relacionado as competências tributárias atribuídas aos entes, que em linhas gerais estabelece o que pode ou não ser tributado, bem como a forma que será tributado e os limites quantitativos (alíquotas máximas e mínimas).

Portanto, os Entes devem observar as balizas constitucionais ao editar leis com objetivo de criar tributos e obrigações, sob pena de ter a norma invalidada, e com isso, inviabilizada a cobrança do tributo, tornando inexistente o vínculo jurídico obrigacional. Dentro desta linha de raciocínio se destaca a importância de fazer essa análise da "contribuição" aos fundos incidentes sobre as operações do agronegócio, a fim de investigar se, de fato, limites como a imunidade nas operações de exportação está sendo respeitado, por exemplo.

2.2.1 Imunidade Tributária como limitação do Poder de tributar

A Constituição da República, de forma expressa, traz as regras sobre o poder de tributar, delimitando os fatos jurídicos tributários passíveis de exigência de tributos, com a delimitação de suas materialidades, bem como traçando os limites e condições para o exercício do poder de tributar, que deságua na distribuição expressa e devidamente definida da competência tributária.

O texto constitucional prevê também a imunidade tributária, segundo a qual não reconhece a competência para criação de tributos em relação a determinadas pessoas, bens e serviços, protegidos pelos valores que estão ligados

23. AMARO, Luciano. *Direito Tributário Brasileiro*. 18. ed. São Paulo: Saraiva, 2012, p. 129.

ao Estado Democrático de Direito,[24] tratando-se de verdadeiras limitações ao poder de tributar.

Nota-se que a intenção do constituinte ao prever a imunidade busca preservar a regra de não exportar tributos, mas tão somente mercadorias e serviços, e nesse sentido garantir a neutralidade fiscal, a fim de que a carga tributária não prejudique as relações comerciais internacionais.

O art. 155, § 2º, X, "a"[25], da Constituição da República, prevê uma imunidade constitucional sem restrições ou condicionantes para o ICMS que não incidirá sobre operações que destinem mercadorias para o exterior, nem sobre serviços prestados a destinatários no exterior.

Nesse sentido, o Supremo Tribunal Federal, no RE 93.770/81,[26] conclui à luz da Constituição que nenhum ato legislativo pode impor restrição ao alcance de imunidade.

E também, a doutrina de Roque Antonio Carrazza dispõe:

> Impende notar que a imunidade é ampla e indivisível, **não admitindo**, nem por parte do legislador (complementar ou ordinário),

---

24. Nesse sentido, Souto Maior Borges ensina que, "através da imunidade, resguardam-se princípios, ideias-força ou postulados essenciais ao regime político. Consequentemente, pode-se afirmar que as imunidades representam muito mais um problema do direito constitucional do que um problema do direito tributário" (BORGES, José Souto Maior. *Isenções tributárias*. 2. ed. São Paulo: Sugestões Literárias, 1980, p. 184).

25. "Art. 155. Compete aos Estados e ao Distrito Federal instituir impostos sobre: [...].
II - operações relativas à circulação de mercadorias e sobre prestações de serviços de transporte interestadual e intermunicipal e de comunicação, ainda que as operações e as prestações se iniciem no exterior; [...]
§ 2º O imposto previsto no inciso II atenderá ao seguinte:
X - não incidirá:
a) sobre operações que destinem mercadorias para o exterior, nem sobre serviços prestados a destinatários no exterior, assegurada a manutenção e o aproveitamento do montante do imposto cobrado nas operações e prestações anteriores; [...]."

26. BRASIL. Supremo Tribunal Federal. Recurso Extraordinário nº 93.770/RJ. Relator: Ministro Soares Muñoz. Julgamento: 17 mar. 1981. Órgão Julgador: Primeira Turma. Publicação: DJ, 03 abr. 1981.

> nem do aplicador (juiz ou agente fiscal), **restrições ou meios-termos**, a não ser, é claro, aqueles que já estão autorizados na própria Lei Maior. [...]. Daí podemos dizer que as normas constitucionais que tratam das imunidades tributárias são de eficácia plena e aplicabilidade imediata, produzindo todos os seus efeitos, independentemente da edição de normas inferiores (leis, decretos, portarias, atos administrativos etc.) que as explicitem. [...]. Acrescentamos que a lei complementar deve, no caso, cuidar apenas de *aspectos formais*, isto é, limitar-se a apontar medidas aptas a assegurar a eficácia do mandamento constitucional em discussão. Não lhe é dado restringi-lo, deturpá-lo ou anulá-lo. [...]. Parece-nos oportuno asseverar que **a lei ordinária da pessoa política tributante não pode – sob pena de manifesta inconstitucionalidade – criar outros requisitos, que não os apontados na lei complementar, para o pleno desfrute desta imunidade. Muito menos o regulamento, a portaria, o parecer normativo** etc.[27]

A Constituição é clara sobre a regra da imunidade tributária incondicionada, ou seja, de forma expressa e cristalina dispõe sobre a impossibilidade de criação de tributos sobre as operações de exportação, bem como não pode restringir a sua fruição, sob pena de ter o preceito nulo, por vício de inconstitucionalidade.

Portanto, especificamente com relação às "contribuições" aos fundos estaduais sobre a produção do agronegócio, tendo em vista que alguns estados trazem a incidência sobre as operações de exportação, surge a importância de tratar sobre a imunidade como limitação do Poder de Tributar.

2.3 Tributo e os elementos do art. 3º do Código Tributário Nacional

A Constituição da República estabelece a competência e os limites aos entes para a criação dos tributos, e nesse sentido prossegue com as diretrizes para as leis

27. CARRAZZA, Roque Antonio. *Curso de direito constitucional tributário*. 30. ed., revista, ampliada e atualizada até a Emenda Constitucional n. 84/2014. São Paulo: Malheiros, 2015, p. 845, 846, 903, 909.

complementares editarem "normas gerais de direito tributário" e regular as "limitações do poder de tributar", que o faz por meio do Código Tributário Nacional.

Embora o termo tributo seja definido pelo art. 3º do Código Tributário Nacional, a doutrina de Paulo de Barros Carvalho esclarece o critério constitucional de determinação da natureza do tributo e destaca o seguinte:

> Dois argumentos muito fortes recomendam a adoção desse critério: a) trata-se de diretriz constitucional, firmada num momento em que o legislador realizava o trabalho delicado de traçar a rígida discriminação de competências tributárias, preocupadíssimo em preservar o princípio maior da Federação e manter incólume a autonomia municipal; b) para além disso, é algo simples e operativo, que permite o reconhecimento da índole tributária, sem a necessidade de considerações retóricas e até alheias ao assunto.
>
> Finalizemos para dizer que, no direito brasileiro, o tipo tributário se acha integrado pela associação lógica e harmônica da hipótese de incidência e da base de cálculo. O binômio, adequadamente identificado, com revelar a natureza própria do tributo que investigamos, tem a excelsa virtude de nos proteger da linguagem imprecisa do legislador.[28]

Nesse contexto, em atendimento à atribuição conferida pela Constituição à lei complementar de conceituar tributo e suas espécies, que o Código Tributário Nacional traz a definição do termo "tributo", expresso no art. 3º[29] (art. 146, III, "a", CF).[30]

---

28. CARVALHO, Paulo de Barros. *Curso de direito tributário*. 31. ed., rev. e atual. São Paulo: Saraiva, 2021, p. 32.

29. "Art. 3º. Tributo é toda prestação pecuniária compulsória, em moeda ou cujo valor nela se possa exprimir, que não constitua sanção de ato ilícito, instituída em lei e cobrada mediante atividade administrativa plenamente vinculada."

30. "Art. 146. Cabe à lei complementar:
III – estabelecer normas gerais em matéria de legislação tributária, especialmente sobre:
a) definição de tributos e de suas espécies, bem como, em relação aos impostos discriminados nesta Constituição, a dos respectivos fatos geradores, bases de cálculo e contribuintes; [...]".

Assim, do conceito de tributo previsto no Código Tributário Nacional, destacam-se as seguintes características:

a) **Caráter pecuniário** da prestação tributária, ou seja, prestação em moeda;

b) **Compulsoriedade da prestação**, do qual ressai que o dever de pagar tributo decorre da lei, não havendo falar em ato de vontade (facultatividade);

c) **Natureza não sancionatória de ilicitude**, ou seja, não tem natureza de sanção por atos ilícitos;

d) **Criada por lei**, prestação instituída em lei, reforçando a ideia de que não é determinado pela vontade;

e) **Natureza vinculada**, ou seja, não há falar em discricionariedade. Assim, a Administração deve cobrar o tributo previsto em lei.

Contudo, é importante destacar que, na doutrina, surgem muitos conceitos e críticas com relação à definição de tributo do Código Tributário Nacional. Mas para fins de desenvolvimento da linha de raciocínio a ser explorada na presente obra será adotado o conceito do art. 3º CTN e o rol dos tributos previstos no art. 5º do mesmo diploma legal,[31] que elenca da forma descrita abaixo:

a) Imposto – que é o "tributo cuja obrigação tem por fato gerador uma situação independente de qualquer atividade estadual específica, relativa ao contribuinte" (art. 16 do CTN[32] e art. 145, I, da CF[33]).

---

31. "Art. 5º Os tributos são impostos, taxas e contribuições de melhoria."

32. "Art. 16. Imposto é o tributo cuja obrigação tem por fato gerador uma situação independente de qualquer atividade estatal específica, relativa ao contribuinte."

33. "Art. 145. A União, os Estados, o Distrito Federal e os Municípios poderão instituir os seguintes tributos:
I - impostos; [...]".

b) Taxas – são tributos cujo fato gerador é "o exercício regular do poder de polícia, ou a utilização, efetiva ou potencial, de serviço público específico e divisível, prestado ao contribuinte ou posto à sua disposição" (art. 77 do CTN[34] e art. 145, II, da CF[35]).

c) Contribuição de Melhoria – "é instituída para fazer face ao custo de obras públicas de que decorra valorização imobiliária, tendo como limite total a despesa realizada e como limite individual o acréscimo de valor que da obra resultar para cada imóvel beneficiado" – "decorrente de obras públicas" (art. 81 do CTN e art. 145, III, da CF).

Assim, a União, os Estados, Municípios e o Distrito Federal podem instituir os tributos acima elencados, com observância das disposições e limitações constitucionais. Assim, teremos leis tributárias federais, estaduais, municipais e distritais convivendo de forma harmônica. Nesse sentido, vale destacar o que dispõe Roque Carrazza:

> No Brasil, as leis tributárias federais, estaduais, municipais e distritais, quando válidas, isto é, quando editadas com observância do processo legislativo, constitucionalmente traçado, possuem a mesma hierarquia jurídica: umas não preferem as outras. [...]
>
> O que elas têm de diferente são os campos de incidência. Isto, porém, não implica hierarquia entre elas. Pelo contrário, se, v. g., uma lei tributária federal invadir a esfera de competência dos Municípios, ela será inconstitucional.

34. "Art. 77. As taxas cobradas pela União, pelos Estados, pelo Distrito Federal ou pelos Municípios, no âmbito de suas respectivas atribuições, têm como fato gerador o exercício regular do poder de polícia, ou a utilização, efetiva ou potencial, de serviço público específico e divisível, prestado ao contribuinte ou posto à sua disposição."

35. "Art. 145. A União, os Estados, o Distrito Federal e os Municípios poderão instituir os seguintes tributos:
II - taxas, em razão do exercício do poder de polícia ou pela utilização, efetiva ou potencial, de serviços públicos específicos e divisíveis, prestados ao contribuinte ou postos a sua disposição; [...]".

> Em suma, as leis tributárias federais, estaduais, municipais e distritais estão hierarquicamente abaixo apenas da Constituição Federal, que dá a todas elas *fundamento de validade.*[36]

Logo, a importância de conhecer as espécies tributárias permite que o "contribuinte averigue se está sendo tributado de modo correto, pela pessoa política competente nos termos da Constituição".[37]

Portanto, atendidas as características previstas no citado art. 3º do CTN, das quais se destacam a compulsoriedade, a prestação pecuniária, e ser ato lícito, restará caracterizado como tributo, independente da denominação que o legislador confira à prestação pecuniária.

2.4 O conceito e classificação da doutrina dos tributos

A Constituição da República estabeleceu os limites e forma de criação do tributo, na sequência, o Código Tributário Nacional traz a sua respectiva definição, e a doutrina sob o argumento de que a definição legal não é suficiente; também discorre sobre o conceito de tributos e amplia a classificação legal.

Para o doutrinador Paulo de Barros Carvalho:

> O vocábulo "tributo" experimenta nada menos do que seis significações diversas, quando utilizado nos textos do direito positivo, nas lições da doutrina e da jurisprudência. São elas:
>
> a) "tributo" como quantia em dinheiro;
>
> b) "tributo" como prestação correspondente ao dever jurídico do sujeito passivo;

---

36. CARRAZZA, Roque Antonio. *Curso de Direito Constitucional Tributário*. 30. ed., revista, ampliada e atualizada até a Emenda Constitucional n. 84/2014. São Paulo: Malheiros, 2015, p. 617, rodapé 36.

37. *Ibid., loc. cit.*

c) "tributo" como direito subjetivo de que é titular o sujeito ativo;

d) "tributo" como sinônimo de relação jurídica tributária;

e) "tributo" como norma jurídica tributária;

f) "tributo" como norma, fato e relação jurídica.[38]

Já Geraldo Ataliba ensina que o tributo reflete uma obrigação:

> Juridicamente define-se tributo como obrigação jurídica pecuniária, *ex lege*, que se não constitui em sanção de ato ilícito, cujo sujeito ativo é uma pessoa pública (ou delegado por lei desta), e cujo sujeito passivo é alguém nessa situação posto pela vontade da lei, obedecidos os desígnios constitucionais (explícitos ou implícitos).[39]

E Luciano Amaro destaca que:

> No Estado de direito, a dívida de tributo estruturou-se como uma relação jurídica, onde a imposição é estritamente regrada pela lei, vale dizer, o tributo é uma prestação que deve ser exigida nos termos previamente definidos pela lei, contribuindo dessa forma os indivíduos para o custeio das despesas coletivas (que, atualmente, são não apenas as do próprio Estado, mas também as de entidades de fins públicos).[40]

Na sequência, salientem-se os diversos critérios de classificação dos tributos, não havendo que se falar em classificação correta ou incorreta, mas a mais adequada, ou melhor dizendo, que facilite a identificação das características que compõem as espécies tributárias.

---

38. CARVALHO, Paulo de Barros. *Curso de direito tributário*. 22. ed., rev. e atual. São Paulo: Saraiva, 2010, p. 23-24.

39. ATALIBA, Geraldo. *Hipótese de incidência tributária*. 5. ed. São Paulo: Malheiros,1994, p. 32.

40. AMARO, Luciano. *Direito tributário brasileiro*. 18. ed. São Paulo: Saraiva, 2012, p. 16.

Assim, a classificação dos tributos tem o objetivo de trazer mais didática e compreensão acerca dos mesmos. Assim, "classificar é distribuir objetos em classes ou grupos, segundo critérios predeterminados".[41]

Inicialmente, destaca-se a classificação jurídica dos tributos que decorre do texto constitucional, que em seu art. 145, dispõe que os entes políticos terão competência para criarem impostos, taxas e contribuição de melhoria, e neste contexto também delineia o modelo de cada tributo. E nessa linha de raciocínio, o Código Tributário Nacional, no art. 4º,[42] se refere à *denominação* e características de cada tributo, aliados à *destinação legal* do produto de arrecadação.

Referente à classificação legal dos tributos, oportuno trazer a observação da doutrina de Luciano Amaro:

> O critério preconizado pelo art. 4º do Código Tributário Nacional levaria o intérprete a concluir que *todas as contribuições* (que não a de melhoria), bem como o *empréstimo compulsório*, teriam de enquadrar-se na camisa de força da tipologia do art. 5º, obviamente, [...]. E, mais, todas as contribuições (criáveis que eram somente pela União) teriam, ainda, de limitar-se aos fatos geradores dos impostos federais, sob pena de inconstitucionalidade por invasão de competência privativa dos Estados, Distrito Federal e Municípios.[43]

Com relação à *destinação legal* do produto de arrecadação (inciso II do art. 4º), refere-se a *receitas vinculadas e não vinculadas*, que não se confunde com a *vinculação do destino do produto da arrecadação.*

41. CARRAZZA, Roque Antonio. *Curso de direito constitucional tributário.* 30. ed., revista, ampliada e atualizada até a Emenda Constitucional n. 84/2014. São Paulo: Malheiros, 2015, p. 619.

42. "Art. 4º A natureza jurídica específica do tributo é determinada pelo fato gerador da respectiva obrigação, sendo irrelevantes para qualificá-la:
I - a denominação e demais características formais adotadas pela lei;
II - a destinação legal do produto da sua arrecadação."

43. AMARO, Luciano. *Direito tributário brasileiro.* 18. ed. São Paulo: Saraiva, 2012, p. 80.

Nos primeiros, o produto da arrecadação está atrelado, vinculado a determinada finalidade; nos segundos, não. São exemplos de tributos com receita vinculada, os empréstimos compulsórios e as contribuições para a seguridade social. Exemplos de tributos com receita não vinculada são as taxas, as contribuições de melhoria e os impostos. Aliás, relativamente aos impostos o art. 167, IV da CF/88[44] proíbe expressamente a vinculação a órgãos, fundos ou despesas, ressalvados:

a) a repartição do produto da arrecadação dos impostos a que se referem os arts. 158 e 159;

b) a destinação de recursos para as ações e serviços públicos de saúde, para manutenção e desenvolvimento do ensino e para realização de atividades da administração tributária, como determinado, respectivamente, pelos arts. 198, § 2º, 212 e 37, XXII da CF 88;

c) a prestação de garantias às operações de crédito por antecipação de receita, previstas no art. 165, § 8º, bem como o disposto no § 4º do citado artigo 167 da CF/88.[45]

Em verdade, se a *destinação do tributo* compõe a própria norma jurídica constitucional *definidora da competência tributária*, ela se torna um dado *jurídico*, que, por isso, tem relevância na *definição do regime jurídico da exação*, prestando-se, portanto, a distingui-la de outras. [...] Não é possível afirmar que a destinação dos recursos é irrelevante, se dessa análise depende a própria legitimidade da exação, como figura *tributária*. Se classificar é necessário, e se a *destinação integra o regime jurídico específico do tributo* (ou seja, é um dado juridicizado), não se pode negar que se trata de um *critério (jurídico)* hábil a *especificação* do tributo, ou seja, idôneo para particularizar uma *espécie tributária*, distinta de outras.[46]

---

44. "Art. 167. São vedados: [...] IV - a vinculação de receita de impostos a órgão, fundo ou despesa, ressalvadas a repartição do produto da arrecadação dos impostos a que se referem os arts. 158 e 159, a destinação de recursos para as ações e serviços públicos de saúde, para manutenção e desenvolvimento do ensino e para realização de atividades da administração tributária, como determinado, respectivamente, pelos arts. 198, § 2º, 212 e 37, XXII, e a prestação de garantias às operações de crédito por antecipação de receita, previstas no art. 165, § 8º, bem como o disposto no § 4º deste artigo; [...]."

45. DUARTE, Francisco Leite. *Direito Tributário*. 4. ed., rev., atual. e ampl. São Paulo: Revista dos Tribunais. 2022. Disponível em: https://proview.thomsonreuters.com/launchapp/title/rt/monografias/ 99937146/v4/page/RB-3. Acesso em: 12 ago. 2023.

46. AMARO, Luciano. *Direito tributário brasileiro*. 18. ed. São Paulo: Saraiva, 2012, p. 100-101.

Assim, os autores adotam uma ou mais variáveis para classificar os tributos, podendo ser bipartidas ou pluripartidas, sendo que na bipartida destaca-se a vinculação ou não de um tributo a uma atividade estatal, que no conceito de Geraldo Ataliba são vinculados ou não vinculados. E para os autores que utilizam mais de um critério de classificação o fazem considerando fato gerador, destinação, se é divisível ou indivisível, dentre outros.

Dentre as várias classificações dos tributos, com critérios diversos, e nem sempre jurídicos, mas que resultam em algum tratamento jurídico, destaca-se:

a) quanto ao sujeito ativo da obrigação tributária, seja ou não o Estado (União, Estados, Distrito Federal e Municípios), os tributos podem ser *fiscais* ou *parafiscais;*

b) Com relação ao objetivo pretendido pela lei que institui o tributo, que pode ser com objetivo de obter recursos para o ente, ou seja, arrecadar; ou ainda induzir comportamentos, assim, os tributos podem ter *finalidade arrecadatória* (fiscais) ou *finalidade regulatória* (extrafiscal);

c) *tributos reais ou pessoais*, que levam em consideração as características pessoais do contribuinte. Sendo que os reais ignoram as características pessoais, diferentemente do que ocorre nos pessoais, que leva em consideração aspectos pessoais do contribuinte, por exemplo nível de renda.

d) Com viés econômico, destaca-se a classificação dos tributos em *direto* e *indireto.* Assim, os diretos são devidos pelo contribuinte de "direito" que é o sujeito que de "fato" suporta o ônus do tributo, enquanto que no "indireto" tem-se a figura do contribuinte de direito como responsável pelo recolhimento do tributo, mas que repassa o respectivo encargo para o "contribuinte de fato". Demais disso, destaca-se que o contribuinte de direito vem previsto expressamente em lei;

e) Tributos *seletivos e não seletivos* são aqueles que tem suas alíquotas graduadas para onerar os bens que não são essenciais (supérfluos e nocivos a saúde), e de forma mais leve os bens essenciais;

f) Com relação a fases do processo produtivo, podem ser *monofásico ou plurifásico;*

g) Tributos *cumulativos e não cumulativos*, sendo cumulativo o tributo que incide em várias operações da cadeia, sem deduzir o valor do imposto que já incidiu nas cadeias anteriores, e não cumulativo, é aquele que a cada fase ou operação, incide apenas sobre o valor que nela se agregou, descontando-se o tributo pago na fase ou operações anteriores;

h) E considerando o fato gerador da obrigação, podem ser classificados conforme a incidência se dê sobre a *renda, circulação (ou consumo) e patrimônio*.

Neste contexto, a classificação da "contribuição" aos fundos incidentes sobre a produção do agronegócio seria: (i) fiscal arrecadatório; (ii) tributo real; (iii) em regra direto, mas em alguns casos excepcionais também pode ser indireto (casos de substituição); (iv) não seletivo; (v) plurifásico; (vi) cumulativo; e (vii) incide sobre a circulação (consumo).

Como se verifica, trata-se de uma lista vasta de classificações dos tributos, dentre as quais se destacam algumas, que servem em linhas gerais para informar alguns princípios constitucionais tributários, por exemplo, a capacidade contributiva, e ainda, contribuem na compreensão do regime jurídico constitucional de alguns tributos.

Assim, em meio a tantas classificações dos tributos expressas pela doutrina, que devem ser vistas e aplicadas com cuidado, o que se deve ter em vista é a verdadeira utilidade da classificação, como instrumento que relaciona diferentes realidades jurídicas, e nesse contexto viabilize a análise das matrizes de cada espécie tributária.

No caso das contribuições aos fundos estaduais sobre o agronegócio, o objetivo é tornar mais clara a linha de raciocínio a ser traçada para formar-se a convicção sobre o enquadramento ou não como tributo, nos termos previstos no Código Tributário Nacional (art. 3º), com destaque à "compulsoriedade", e consequentemente, com relação à classificação da espécie tributária, valendo-se da classificação jurídica de tributo decorrente do texto constitucional (art. 145), investigar se os estados têm competência para criar a "contribuição" em comento, como assim denomina os entes estaduais, ou se preenche as características de imposto, ou outra espécie tributária.

2.5 Conceito de Tributo para a jurisprudência do Supremo Tribunal Federal

O Supremo Tribunal Federal desempenha um papel importante interpretando e aplicando as normas constitucionais relacionadas aos tributos, sendo a última instância para a resolução de questões constitucionais.

Comumente é instado a manifestar a respeito da natureza jurídica do tributo, assim passando pela análise da definição de tributo e as espécies tributárias.

E a reflexão parte desde o conceito implícito de tributo na Constituição da República, que ressai da leitura do capítulo do Sistema Tributário Nacional, e a definição expressa no art. 3º do Código Tributário Nacional, para investigar se trata ou não de cobrança de tributo, e concluindo tratar-se de tributo, prossegue à análise com relação a qual espécie tributária se amoldam determinadas cobranças instituídas pelos Entes Públicos. Sendo o tributo gênero, que contempla as espécies impostos, taxas e contribuição de melhoria.[47]

Nesse passo, considerando que cada espécie de tributo possui características específicas, por meio da jurisprudência do STF, decorrem esclarecimentos e interpretações dos dispositivos constitucionais relacionados a essas categorias.

Assim, grande parte dos casos apreciados resultam em decisões importantes proferidas em casos que questionam a constitucionalidade de leis ou atos normativos relacionados a tributos, que acabam fixando entendimentos que servem de parâmetro para aplicação do direito no país.

A título de exemplo, a respeito da discussão sobre os Impostos, destacam-se alguns casos apreciados com objetivo de demonstrar que o Supremo Tribunal Federal, em vários casos, passa pela definição da natureza tributária, e o faz sob perspectivas distintas para afirmar que algo é compulsório ou não. Veja-se:

- RE 576.189-RG – Neste caso, a análise parte dos "encargos da capacidade emergencial e de aquisição de energia elétrica emergencial", concluindo que são *destituídos de compulsoriedade*, logo, não possuindo natureza tributária, por conseguinte, corresponde a tarifas ou preços públicos.[48]

---

47. "Art. 5º Os tributos são impostos, taxas e contribuições de melhoria" (BRASIL. Presidência da República. Lei nº 5.172 de 25 de outubro de 1966. Dispõe sobre o Sistema Tributário Nacional e institui normas gerais de direito tributário aplicáveis à União, Estados e Municípios. *Diário Oficial da União,* Brasília-DF, seção 1, p. 12452, 27 out. 1996).

48. "TRIBUTÁRIO. ENERGIA ELÉTRICA. ENCARGOS CRIADOS PELA LEI 10.438/02. NATUREZA JURÍDICA CORRESPONDENTE A PREÇO PÚBLICO OU TARIFA. INAPLICABILIDADE DO REGIME TRIBUTÁRIO. AUSÊNCIA DE COMPULSORIEDADE NA FRUIÇÃO DOS SERVIÇOS. RECEITA ORIGINÁRIA E PRIVADA DESTINADA A REMUNERAR CONCESSIONÁRIAS, PERMISSIONÁRIAS

- RE 387.047 – Aqui passou-se à análise do conceito de tributo, em especial tendo como cerne da discussão a *compulsoriedade, que não foi vislumbrada*, logo, afastando a natureza tributária.[49]
- RE 541.511 – A análise gira em torno da natureza jurídica do "encargo de energia Livre Adquirida no

E AUTORIZADAS INTEGRANTES DO SISTEMA INTERLIGADO AO NACIONAL. RE IMPROVIDO. I – Os encargos de capacidade emergencial e de aquisição de energia elétrica emergencial, instituídos pela Lei 10.438/02, não possuem natureza tributária. II – Encargos destituídos de compulsoriedade, razão pela qual correspondem as tarifas ou preços públicos. III – Verbas que constituem receita originária e privada, destinada a remunerar concessionárias, permissionárias e autorizadas pelos custos do serviço, incluindo sua manutenção, melhora e expansão, e medidas para prevenir momentos de escassez. IV – O art. 175, III, da CF autoriza a subordinação dos referidos encargos à política tarifária governamental. V – Inocorrência de afronta aos princípios da legalidade, da não afetação, da moralidade, da isonomia, da proporcionalidade e da razoabilidade. VI – Recurso Extraordinário conhecido, ao qual se nega provimento" (BRASIL. Supremo Tribunal Federal. *Recurso Extraordinário nº 576.189/RS*. Relator: Ministro Ricardo Lewandowski. Julgamento: 22 abr. 2009. Órgão Julgador: Tribunal Pleno. Publicação: DJe, 26 jun. 2009).

49. "RECURSO EXTRAORDINÁRIO. LEI N. 3.338/89 DO MUNICÍPIO DE FLORIANÓPOLIS/SC. SOLO CRIADO. NÃO CONFIGURAÇÃO COMO TRIBUTO. OUTORGA ONEROSA DO DIREITO DE CRIAR SOLO. DISTINÇÃO ENTRE ÔNUS, DEVER E OBRIGAÇÃO. FUNÇÃO SOCIAL DA PROPRIEDADE. ARTIGOS 182 E 170, III DA CONSTITUIÇÃO DO BRASIL. 1. SOLO CRIADO Solo criado é o solo artificialmente criado pelo homem [sobre ou sob o solo natural], resultado da construção praticada em volume superior ao permitido nos limites de um coeficiente único de aproveitamento. 2. OUTORGA ONEROSA DO DIREITO DE CRIAR SOLO. PRESTAÇÃO DE DAR CUJA SATISFAÇÃO AFASTA OBSTÁCULO AO EXERCÍCIO, POR QUEM A PRESTA, DE DETERMINADA FACULDADE. ATO NECESSÁRIO. ÔNUS. Não há, na hipótese, obrigação. Não se trata de tributo. Não se trata de imposto. Faculdade atribuível ao proprietário de imóvel, mercê da qual se lhe permite o exercício do direito de construir acima do coeficiente único de aproveitamento adotado em determinada área, desde que satisfeita prestação de dar que consubstancia ônus. Onde não há obrigação não pode haver tributo. Distinção entre ônus, dever e obrigação e entre ato devido e ato necessário. 3. ÔNUS DO PROPRIETÁRIO DE IMÓVEL URBANO. Instrumento próprio à política de desenvolvimento urbano, cuja execução incumbe ao Poder Público municipal, nos termos do disposto no artigo 182 da Constituição do Brasil. Instrumento voltado à correção de distorções que o crescimento urbano desordenado acarreta, à promoção do pleno desenvolvimento das funções da cidade e a dar concreção ao princípio da função social da propriedade [art. 170, III da CB]. 4. Recurso extraordinário conhecido, mas não provido" (BRASIL. Supremo Tribunal Federal. *Recurso Extraordinário nº 387.047-5/SC*. Relator: Ministro Eros Grau. Julgamento: 06 mar. 2008. Órgão Julgador: Tribunal Pleno. Publicação: DJe, 24 mar. 2008).

MAE", sob a análise do conceito de tributo, concluiu que tais encargos carecem do requisito da "compulsoriedade", logo, não havendo falar em tributo.[50]

Partindo dos julgados acima destacados, embora não se tratem de casos relacionados aos fundos, fica evidente que valendo-se das características fixadas pelo Código Tributário Nacional, interpreta-se cada caso de acordo com as perspectivas correspondentes a cada tipo de operação, tendo em vista as características descritas no enunciado do art. 3º que devem estar presentes, e a conclusão sendo pela natureza tributária, passa-se à análise do respeito à competência e limites ao poder de tributar previstos no texto constitucional.

2.6 Os Convênios de ICMS no âmbito do Conselho Nacional de Política Fazendária

Considerando que no Conselho Nacional de Política Fazendária - CONFAZ os entes federados podem discutir e regular as contribuições aos fundos estaduais sobre os produtos agropecuários, visando a garantir que não haja conflitos entre

50. "TRIBUTÁRIO. ENERGIA ELÉTRICA. ENCARGOS CRIADOS PELA LEI 10.438/02. NATUREZA JURÍDICA CORRESPONDENTE A PREÇO PÚBLICO OU TARIFA. INAPLICABILIDADE DO REGIME TRIBUTÁRIO. AUSÊNCIA DE COMPULSORIEDADE NA FRUIÇÃO DOS SERVIÇOS. RECEITA ORIGINÁRIA E PRIVADA DESTINADA A REMUNERAR CONCESSIONÁRIAS, PERMISSIONÁRIAS E AUTORIZADAS INTEGRANTES DO SISTEMA INTERLIGADO NACIONAL. RE IMPROVIDO. I - Os encargos de capacidade emergencial, de aquisição de energia elétrica emergencial e de energia livre adquirida no MAE, instituídos pela Lei 10.438/02, não possuem natureza tributária. II - Encargos destituídos de compulsoriedade, razão pela qual correspondem a tarifas ou preços públicos. III - Verbas que constituem receita originária e privada, destinada a remunerar concessionárias, permissionárias e autorizadas pelos custos do serviço, incluindo sua manutenção, melhora e expansão, e medidas para prevenir momentos de escassez. IV - O art. 175, III, da CF autoriza a subordinação dos referidos encargos à política tarifária governamental. V - Inocorrência de afronta aos princípios da legalidade, da não afetação, da moralidade, da isonomia, da proporcionalidade e da razoabilidade. IV - Recurso extraordinário conhecido, ao qual se nega provimento (*id. Recurso Extraordinário nº 541.511/RS*. Relator: Ministro Ricardo Lewandowski. Julgamento: 22 abril 2009. Órgão Julgador: Tribunal Pleno. Publicação: DJe, 26 jun. 2009).

os estados ou barreiras fiscais que dificultem o comércio entre eles, principalmente no contexto do agronegócio, que tem uma grande importância na economia brasileira e nas relações interestaduais, se faz necessária a abordagem sobre o papel dos convênios de ICMS no âmbito do Confaz, tendo em vista que as contribuições estaduais em comento estão diretamente relacionadas aos incentivos e benefícios fiscais.

Toda esta discussão tem início com a Guerra Fiscal entre os Estados por atração de novos empreendimentos e investimentos, que propõe condições especiais sobre concessão de incentivos fiscais relacionadas ao ICMS.

A Constituição da República no § 6º, do art. 150, e art. 155, § 2º, XII, *g*, atribui à lei complementar a competência para regular a forma como, mediante deliberação dos Estados e do Distrito Federal, isenções, incentivos e benefícios fiscais serão concedidos e revogados.[51]

De acordo com o Código Tributário Nacional, os convênios são normas complementares à legislação tributária (art. 100)[52] e os Entes: União, Estados, Distrito Federal e Municípios prestarão assistência mútua para fiscalização dos tributos (art. 199 do CTN)[53]

---

51. "Art. 150. [...] § 6º Qualquer subsídio ou isenção, redução de base de cálculo, concessão de crédito presumido, anistia ou remissão, relativos a impostos, taxas ou contribuições, só poderá ser concedido mediante lei específica, federal, estadual ou municipal, que regule exclusivamente as matérias acima enumeradas ou o correspondente tributo ou contribuição, sem prejuízo do disposto no art. 155, § 2.º, XII, g.
Art. 155. Compete aos Estados e ao Distrito Federal instituir impostos sobre: [...]
§ 2º O imposto previsto no inciso II atenderá ao seguinte: [...]
XII - cabe à lei complementar: [...]
g) regular a forma como, mediante deliberação dos Estados e do Distrito Federal, isenções, incentivos e benefícios fiscais serão concedidos e revogados."

52. "Art. 100. São normas complementares das leis, dos tratados e das convenções internacionais e dos decretos:
[...]
IV - os convênios que entre si celebrem a União, os Estados, o Distrito Federal e os Municípios."

53. "Art. 199. A Fazenda Pública da União e as dos Estados, do Distrito Federal e dos Municípios prestar-se-ão mutuamente assistência para a fiscalização dos tributos

Neste contexto, por meio da Lei Complementar nº 24/75, criou-se o Conselho Nacional de Política Fazendária (CONFAZ), composto pelos Secretários de Fazenda dos estados e do Distrito Federal a fim de promover a coordenação das políticas fiscais e tributárias dos estados e do Distrito Federal, manter a harmonização de suas legislações; e em especial, se destaca o relevante papel relacionado à concessão de benefícios fiscais de ICMS (arts. 1º e 2º).[54]

Logo, a celebração de Convênios de ICMS entres os estados e o Distrito Federal estará sujeita à aprovação ou rejeição dos benefícios fiscais concedidos pelos estados, e a fim de padronizar e facilitar a troca de informações entres os estados, pode ainda estabelecer regras de fiscalização tributária.

Assim, como forma de organizar a sua estrutura, o Conselho Nacional de Política Fazendária contempla uma Comissão Técnica Permanente do ICMS e Grupos de trabalho subdivididos por matérias (benefícios fiscais; reforma tributária e acompanhamento legislativo; combustível; gás natural; crédito de extração e refino; importação de derivados de petróleo e suas correntes; repetro sped; troca de informações; restituição de ICMS-ST e demandas judiciais; estudos tributários em petróleo. gás natural e biocombustíveis; dentre outros). Os grupos de trabalho são aprovados por Ato COTEPE, sendo o último por meio do Ato COTEPE 48/19.[55]

---

respectivos e permuta de informações, na forma estabelecida, em caráter geral ou específico, por lei ou convênio."

54. "Art. 1º - As isenções do imposto sobre operações relativas à circulação de mercadorias serão concedidas ou revogadas nos termos de convênios celebrados e ratificados pelos Estados e pelo Distrito Federal, segundo esta Lei.
Art. 2º - Os convênios a que alude o art. 1º, serão celebrados em reuniões para as quais tenham sido convocados representantes de todos os Estados e do Distrito Federal, sob a presidência de representantes do Governo federal."

55. BRASIL. Ministério da Fazenda. Conselho Nacional de Política Fazendária. *Organograma*. Brasília, 2019. Disponível em: https://www.confaz.fazenda.gov.br/menu-de-apoio/organograma-1. Acesso em: 07 nov. 2023.

Sobre os convênios, é válido registrar o que dispõe Roque Antonio Carrazza:

> Relembramos, meteoricamente, que as isenções de ICMS não são concedidas unilateralmente, pelas próprias pessoas políticas tributantes, mas sim por meio de convênios celebrados e ratificados pelos Estados e Distrito Federal. [...] Em rigor, [...] o convênio de ICMS não brota simplesmente da conjugação de vontades dos Estados-membros e do Distrito Federal, mas da vontade da República Federativa do Brasil.[56]
>
> Detalhando o assunto, os Estados e o Distrito Federal devem, para conceder isenções de ICMS, firmar entre si convênios. Não são estes, porém, que as fazem nascer. Apenas integram o processo legislativo necessário à concessão destas desonerações tributárias. Elas surgem – ou deveriam surgir – do *decreto legislativo* ratificador do *convênio interestadual*.[57]

Partindo desta linha de raciocínio, vislumbra-se que o Convênio é um pressuposto para o exercício eficaz da competência para instituir os incentivos fiscais relacionados ao ICMS, assim é por meio do CONFAZ que as decisões são formadas pelo consenso entres os membros, mas a efetividade fica condicionada à cooperação dos estados e consequente cumprimento das decisões pelos mesmos.

E nesse contexto, o Convênio Confaz nº 42, de 03 de maio de 2016, autoriza os estados e o Distrito Federal a criar condição para a fruição de incentivos e benefícios no âmbito do ICMS ou reduzir o seu montante, dentre as quais ressai a possibilidade de redução em até 10% do incentivo ou benefício concedido, que será destinado a *fundo de desenvolvimento econômico* e ou de equilíbrio fiscal a

---

56. CARRAZZA, Roque Antonio. *ICMS*. 17. ed., rev. e ampl. até EC 88/2015 e de acordo com a Lei Complementar 87/1996, com suas ulteriores modificações. São Paulo: Malheiros, 2012, p. 580.

57. *Id*. Convênios ICMS e art. 14 da lei de Responsabilidade Fiscal - sua Inaplicabilidade - Questões Conexas. *Revista de Estudos Tributários,* Porto Alegre, v. 3, n. 16, p. 140-158, nov./dez. 2000, p. 150.

ser criado com a finalidade de *viabilizar o desenvolvimento econômico* e ou a manutenção do equilíbrio das finanças públicas estaduais e distrital.

Logo **o Convênio em comento é pressuposto de criação dos fundos estaduais sobre a produção do agronegócio, já que surgem com a finalidade de promover o desenvolvimento e fomento das estradas, rodovias e infraestrutura**.

Por conseguinte, as leis estaduais instituidoras dos fundos deverão observar os limites previstos no Convênio, além dos que estão em dispositivos constitucionais (uma vez que estes últimos são de superior hierarquia) bem como as regras financeiras, devidamente previstas no capítulo que trata do Sistema Tributário Nacional.

Nesse contexto, surgem discussões no Judiciário a respeito da validade do Convênio nº 42/2016, sob argumentos que estão diretamente relacionados aos fundos estaduais incidentes sobre as operações do agronegócio, e que por arrastamento também atinge as leis estaduais instituidoras dos fundos.

As reflexões submetidas ao Judiciário têm como objetivo responder a questionamentos como: i) se a abrangência do Convênio também contempla os *fundos destinados a investimentos em obras de infraestrutura e habitação e financiados por contribuições sobre produtos primários e semielaborados,* estabelecidas como condição para usufruir incentivos e benefícios fiscais relativos ao ICMS? Ou contempla apenas os fundos estaduais de estabilização e equilíbrio fiscal? ii) Sendo positiva a resposta com relação à abrangência dos fundos estaduais sobre produtos agropecuários, atrelado aos incentivos e benefícios fiscais relativos ao ICMS, reflete-se sobre a aplicabilidade do convênio nas operações de imunidade do ICMS nas operações de exportação,[58] instituição do recolhimento por substituição tributária,[59] e ainda, credenciamento a regime especial de recolhimento, uma vez que não se tratam de incentivos ou benefícios fiscais.

É imprescindível e extremamente pertinente a abordagem e reflexão sobre os convênios Confaz atrelados aos fundos estaduais sobre os produtos agropecuários, já que qualquer conclusão a respeito da validade do Convênio nº 42/2016 compromete também a validade dos fundos estaduais.

58. "Art. 155. Compete aos Estados e ao Distrito Federal instituir impostos sobre: [...]
II - operações relativas à circulação de mercadorias e sobre prestações de serviços de transporte interestadual e intermunicipal e de comunicação, ainda que as operações e as prestações se iniciem no exterior;
[...] § 2º O imposto previsto no inciso II atenderá ao seguinte:
X - não incidirá:
a) sobre operações que destinem mercadorias para o exterior, nem sobre serviços prestados a destinatários no exterior, assegurada a manutenção e o aproveitamento do montante do imposto cobrado nas operações e prestações anteriores; [...]."

59. "Art. 150. Sem prejuízo de outras garantias asseguradas ao contribuinte, é vedado à União, aos Estados, ao Distrito Federal e aos Municípios:
§ 7º A lei poderá atribuir a sujeito passivo de obrigação tributária a condição de responsável pelo pagamento de imposto ou contribuição, cujo fato gerador deva ocorrer posteriormente, assegurada a imediata e preferencial restituição da quantia paga, caso não se realize o fato gerador presumido."

3. O HISTÓRICO LEGISLATIVO DE CRIAÇÃO DOS FUNDOS PELOS ENTES FEDERADOS

Tem-se como inaugurador na instituição dos fundos incidentes sobre as operações do agronegócio o estado de Mato Grosso do Sul, que em 1999, inovou ao instituir o Fundersul[60] por meio da Lei nº 1.963, de 11 de junho de 1999, que já passou por mais de 11 alterações legislativas.

Com a instituição do Fundersul, surge também discussões sobre a validade ou não da "contribuição", uma vez que se criou um mecanismo paralelo de arrecadação, por meio de uma contribuição facultativa que passa a onerar a cadeia de produção e o agronegócio, ao prever espécies de pagamento incidindo sobre a comercialização da produção pelos produtores rurais, e nas operações dos frigoríficos, como requisito para usufruir o diferimento do ICMS nas operações internas realizadas com produtos agropecuários.

Em síntese, os produtores rurais remetentes de mercadorias contribuem para a construção, manutenção, recuperação e melhoramento das rodovias estaduais, por meio do recolhimento ao fundo, ou pagará o ICMS cheio no momento da saída da mercadoria, que é a consequência

---

60. Fundo de Desenvolvimento do Sistema Rodoviário do Estado do Mato Grosso do Sul (Fundersul).

imposta em decorrência do não pagamento da contribuição ao Fundersul.

Neste contexto, ainda no ano da instituição do fundo, na sessão realizada em 02 de dezembro de 1999, o Plenário do Supremo Tribunal Federal em apreciação do pedido liminar, nos autos da Ação Direta de Inconstitucionalidade 2056, ajuizada pela Confederação Nacional da Agricultura e Pecuária do Brasil (CNA), após manifestação do Procurador-Geral do Estado, representando o Governo do Estado de Mato Grosso do Sul, Wilson Vieira Loubet, e pela Assembleia Legislativa do Estado, Xavier Albuquerque, concluiu pela ausência de compulsoriedade, que não tem natureza jurídica de tributo, tratando-se de mera faculdade do contribuinte que pretende obter o benefício do diferimento.[61]

Ocorre que, sob a influência do resultado do julgamento ainda em sede de liminar sobre a validade do Fundersul, pelo Supremo Tribunal Federal, no ano seguinte, o estado vizinho, Mato Grosso, institui o Fethab[62] com a edição da Lei nº 7.263, de 27 de março de 2000, que já teve mais de 40 alterações, dentre as quais destaca-se a ampliação da base de incidência, e a criação de fundos "acessórios" com destinação do respectivo recurso a entidades privadas.

A partir daí, nota-se o movimento de instituição da "contribuição" sobre as operações do agronegócio condicionando os benefícios e incentivos fiscais relativos ao ICMS se alastrando pelo Brasil.

Na sequência, o estado de Goiás por meio da Lei nº 14.469/2003 institui o Protege,[63] que não está mais em vigor, tendo sido revogado tacitamente pela Lei nº 20.777, de

61. BRASIL. Supremo Tribunal Federal. *Medida Cautelar na Ação Direta de Inconstitucionalidade nº 2.056/MS*. Relator: Ministro Néri da Silveira. Julgamento: 02 dez. 1999. Órgão Julgador: Tribunal Pleno. Publicação: DJ, 14 dez. 1999.

62. Fundo Estadual de Transporte e Habitação de Mato Grosso (Fethab).

63. Fundo de Proteção Social de Goiás (PROTEGE GOIÁS).

25 de 05 de 2020, que também condicionava a manutenção dos benefícios fiscais concedidos pelo estado de Goiás com relação ao ICMS, mas que acabava sendo ainda mais abrangente, uma vez que incidia não apenas sobre a comercialização e produção do agronegócio, tinha como objetivo também estabelecer normas sobre a captação e transferência de recursos aos programas sociais que compõe a Rede de Proteção Social do estado de Goiás.

Posteriormente replicando a instituição dos fundos, o estado do Maranhão, com o FDI,[64] por meio de edição da Lei nº 8.246 de 25 de maio de 2005, e sendo ainda mais criativo também institui a TFTG,[65] pela Lei nº 11.687, de 23 de dezembro de 2022, que é uma taxa que incide sobre os grãos transportados.

E continua, com o estado de Tocantins, que cria o FET,[66] por meio da Lei nº 3.617 de 18 de dezembro de 2019.

E mais recentemente, em meio a discussões calorosas, o estado de Goiás conseguiu criar um novo fundo, o Fundeinfra,[67] com objetivo de instituir a contribuição facultativa a um fundo destinado a investimento em infraestrutura, por meio da Lei nº 21.670, de 6 de dezembro de 2022, no âmbito da Secretaria de Estado da Infraestrutura (Seinfra), integrante da administração direta do Governo de Goiás, que posteriormente foi regulamentada pelo Decreto nº 10.241, de 24 de março de 2023.

O Fundeinfra surge em meio à insatisfação do setor, por ter mais uma oneração para suas operações, e mesmo após reuniões e debates realizados com as lideranças das entidades representativas do setor, como a Aprosoja-GO

64. Fundo Estadual de Desenvolvimento Industrial do Estado do Maranhão (FDI).

65. Taxa de Transporte de Grãos e Minérios (TFTG).

66. Fundo Estadual de Transporte (FET).

67. Fundo Estadual de Infraestrutura (Fundeinfra).

questionando: i) a necessidade da instituição da "contribuição", já que de acordo com Dados do Portal da Transparência no ano de 2022, a arrecadação total do Estado de Goiás cresceu 13% comparada ao mesmo período de 2021;[68] ii) o texto do projeto em trâmite não especificava quais atividades seriam tributadas, o que ensejava insegurança dos produtores, uma vez que sem a previsão expressa, podem ser surpreendidos com a ampliação das cadeias afetadas por essa tributação sem necessidade de submeter a instituição por meio de lei devidamente aprovada pela Assembleia Legislativa; iii) a base de cálculo da contribuição sobre a receita bruta, incluindo a margem de lucro dos produtores sobre os grãos comercializados que resulta em elevação do valor a ser pago.

Em meio a tantas discussões e manifestações sobre as inconsistências e irregularidades durante a tramitação do projeto de lei que visava à instituição do Fundeinfra, e das demais contribuições criadas, mesmo demonstrando o crescente número de processos judiciais discutindo sobre a legalidade ou não dos fundos, os Estados não deixam de criar a famigerada "contribuição" sobre os produtos e operações do agronegócio.

Nesse ínterim, o estado do Paraná também tentou criar a sua contribuição, por meio do projeto de Lei que tramitou sob o nº 498/2022, com a finalidade de criar o FDI-PR,[69] que posteriormente foi retirado de pauta.

---

68. BRASIL. Portal da Transparência. Goiás. *Recursos do governo federal aplicados na localidade*. Brasília, 2022. Disponível em: https://portaldatransparencia.gov.br/localidades/5208905-goias? ano=2022. Acesso em: 22 jul. 2023;
APROSOJA Goiás. Associação dos Produtores de Soja, Milho e outros grãos agrícolas do Estado de Goiás. *Setor produtivo de Goiás se reúne com relator do PL de taxação do agro*. Goiânia, 12 nov. 2022. Disponível em: https://aprosojago.com.br/blog/ 2022/11/12/setor-produtivo-de-goias-se-reune-com-relator-do-pl-de-taxacao-do-agro/. Acesso em: 22 jul. 2023.

69. Fundo de Desenvolvimento da Infraestrutura Logística do Estado do Paraná (FDI).

Verifica-se que todas as "contribuições" criadas foram alçadas sob fundamentos semelhantes para justificar a respectiva instituição, e também com regra-matriz de incidência muito parecidas.

E neste sentido, Leonardo Loubet destaca que

> [...] todos esses "fundos estaduais" apresentam características semelhantes, dentre as quais destaca-se: (i) são intitulados de "contribuição"; (ii) são vinculados a um "fundo"; (iii) são exigidos como condição à fruição de incentivo, benefício ou diferimento fiscais; (iv) incidem sobre atividades do agronegócio; (v) e são geridos por um conselho deliberativo, composto por diversos órgãos, na tentativa de legitimá-los. O que muda, em sua essência, é a destinação dos recursos: recomposição de estradas, construção de moradia, apoio a famílias carentes, dentre outras. Todas, como se vê, típicas finalidades a serem custeadas por tributos.[70]

No início, surgem com o mesmo propósito, que de forma geral, é destinar os respectivos recursos à construção, manutenção, recuperação ou melhoramento das rodovias, mas como consequência das alterações acaba desvirtuando a finalidade inicial, com a ampliação da destinação da arrecadação para finalidades e órgãos diversos.

Nesse contexto que, assim como o estado do Mato Grosso do Sul, outros estados criaram os seus fundos sob o título de contribuição "facultativa".

Diante deste cenário é que se propõe estudar o impacto destas contribuições para o setor do agronegócio, analisar o fundamento de validade, competência tributária, a obrigação do recolhimento, a natureza das normas jurídicas instituidoras, as consequências de não efetuar o pagamento. Aferir se diante do direito positivo, a produção da norma jurídica se deu de forma regular ou se padece de vício,

---

70. LOUBET, Leonardo Furtado. Texto e Contexto no Direito Tributário. SOUZA, Priscilla (org.); CARVALHO, Paulo de Barros (coord.). *Congresso Nacional de Estudos Tributários*. v. 17. São Paulo: Noeses, 2020. p. 831-850, p. 833.

e neste último caso, apurar as consequências, e por fim, o cenário diante da Emenda Constitucional nº 132, de 20 de dezembro de 2023, prevendo a possibilidade de instituição de contribuição sobre os produtos primários e semielaborados, produzidos nos respectivos territórios, em substituição à contribuição a fundos estaduais, estabelecida como condição à aplicação de diferimento, regime especial ou outro tratamento diferenciado, relacionados com o imposto de que o art. 155, II, da Constituição Federal, previsto na respectiva legislação estadual em 30 de abril de 2023, e que no relatório do Senado Federal permanece, mas com alteração na redação, uma vez que garante a existência dos fundos que já existem, com a observância de limites, como a vedação da i) ampliação de alíquota ou percentual de contribuição; ii) ampliação de sua base de incidência relativa ao que está previsto nas respectivas leis estaduais, em 30 de abril de 2023. E neste contexto, não permite a instituição de novos fundos e extinção dos que já existem em 1º de janeiro de 2033.

3.1 Fundo de Desenvolvimento do Sistema Rodoviário do Estado de Mato Grosso do Sul (Fundersul)

O Estado de Mato Grosso do Sul institui o Fundersul por meio da Lei nº 1.963, de 11 de junho de 1999, com o objetivo de melhorar a infraestrutura rodoviária do Estado e municípios, sendo vinculado à Secretaria de Estado de Infraestrutura que lhe presta suporte técnico e material.

De acordo com o texto da lei vigente, nos termos do art. 1º, o fundo terá destinação exclusiva para:

a) aquisição e manutenção de equipamentos rodoviários, inclusive de combustíveis e de lubrificantes destinados, exclusivamente, ao atendimento da Agência Estadual de Gestão de Empreendimentos (AGESUL);

b) aquisição, locação e manutenção de veículos automotores para prestar apoio operacional e de fiscalização, e de equipamentos rodoviários destinados, exclusivamente, ao atendimento da AGESUL;

c) projetos, licenças ambientais, construção, manutenção, recuperação e melhoramento asfáltico de rodovias estaduais e de vias públicas urbanas, inclusive para drenagem, bueiros, pontes, obras e serviços complementares, bem como estudo de viabilidade técnica, econômica e ambiental;

d) contribuição do Estado, por meio de repasse de recursos ou de bens, em decorrência da celebração de convênios com a União, com os Municípios ou com Consórcios, cuja finalidade seja a construção, manutenção, operacionalização, recuperação ou o melhoramento de rodovias e de vias municipais e urbanas localizadas em Mato Grosso do Sul.

e) construção, manutenção e melhoramento asfáltico das vias públicas urbanas.

Cria-se um Conselho de Administração do Fundersul com a composição descrita abaixo (art. 2º):

a) Governador do Estado;

b) Secretário de Estado de Governo;

c) Secretário de Estado de Infraestrutura;

d) Secretário de Estado de Produção e Agricultura Familiar;

e) Diretor-Presidente da Agência Estadual de Gestão de Empreendimentos;

f) representante da Federação da Agricultura de Mato Grosso do Sul (FAMASUL);

g) representante da Associação dos Municípios de Mato Grosso do Sul (ASSOMASUL);

h) representante do Sindicato das Indústrias de Frios, Carnes e Derivados do Estado de Mato Grosso do Sul (SICADEMS);

i) representante da Associação dos Criadores de Mato Grosso do Sul (ACRISSUL).

Os membros do conselho não são remunerados e possuem as seguintes competências (art. 5º):

a) estabelecer a política a ser desenvolvida anualmente, observado, estritamente, o que dispõe esta Lei;

b) traçar as diretrizes técnicas que balizarão as decisões a serem implementadas, anualmente, com vistas ao atendimento de suas finalidades;

c) aprovar o plano anual de aplicação de recursos do FUNDERSUL;

d) propor à Assembleia Legislativa as ações a serem desenvolvidas, anualmente, por decorrência das metas estabelecidas e dos recursos destinados ao Fundo;

e) analisar e oferecer parecer à prestação de contas da Diretoria Executiva do FUNDERSUL, referente ao exercício vencido, antes de encaminhá-la ao Tribunal de Contas do Estado, na forma da legislação vigente;

f) elaborar e aprovar o Regimento Interno;

g) exercer as demais atribuições constantes desta Lei, ou dela decorrentes.

E além das competências acima descritas, destaca-se que também dependerá da aprovação do Conselho de Administração do Fundo o "plano anual de aplicação dos recursos do FUNDERSUL", mediante aprovação por meio de Decreto Legislativo pela Assembleia Legislativa. (art. 6º)

Dentre outras formas de receitas do Fundersul previstas expressamente no art 4º, destacam-se as provenientes da arrecadação da contribuição pelos produtores que optarem pelo diferimento do ICMS nas operações internas com produtos agropecuários e extrativos, e para os frigoríficos situados no estado do Mato Grosso do Sul, nas operações internas e interestaduais, que pretendam usufruir o crédito presumido do ICMS devido em cada período de apuração (art. 4º, inciso I).

De forma expressa, a lei instituidora prevê que a contribuição ao Fundersul é condição imposta para que o contribuinte, seja o produtor ou a indústria frigorífica possa valer-se do diferimento ou valer-se do crédito presumido. Em síntese:

> a) Diferimento do lançamento e o pagamento do ICMS nas operações internas com produtos agropecuários e com extrativos vegetais, realizadas pelo produtor. (art. 9º, Capítulo II)
>
> Não sendo realizada a adesão ao fundo, bem como o recolhimento, o produtor deverá realizar o pagamento do ICMS cheio, nos termos da legislação estadual, na saída da mercadoria de seu estabelecimento. (art. 10)
>
> b) Utilização de crédito presumido, nas operações internas e interestaduais, realizadas com produtos comestíveis resultantes do abate de gado bovino e bufalino, pelas indústrias frigoríficas (art. 12 – Capítulo III).

Neste sentido, oportuno destacar que a legislação veda expressamente ao estabelecimento frigorífico que deixar de efetuar o recolhimento, de utilizar o crédito presumido mencionado (§ 1º, do art. 13).

Destaca-se que a fiscalização relativa ao diferimento do imposto e ao crédito presumido do imposto mencionados será realizada pela Secretaria de Estado de Fazenda (art. 15).

A legislação elenca também os produtos submetidos ao fundo: (Anexo da lei instituidora)

> a) Pecuária: i) gado bovino e bufalino; ii) gado equino e asinino (burros, jumentos e mulos) – incidência por cabeça de gado.
>
> b) Agricultura: i) milho; ii) arroz; iii) soja; iv) algodão; v) cana-de-açúcar; vi) demais produtos – incidência por tonelada.
>
> c) Extrativos: i) madeira em tora, inclusive eucalipto – incidência por m^3.

Vislumbra-se a possibilidade de ser editado regulamento dispondo que as empresas recebedoras de produtos agrícolas ou de extrativos vegetais **substituam** os produtores na responsabilidade pelo recolhimento da contribuição. (art. 20)

Regulamentando algumas disposições que tratam do Fundersul, alguns decretos regulamentadores já instituídos: Decreto nº 9.542, de 08 de julho de 1999; Decreto Legislativo nº 272, de 12 de agosto de 1999; Decreto Legislativo nº 282, de 9 de dezembro de 1999; Decreto Legislativo nº 285, de 29 de fevereiro de 2000; Decreto Legislativo nº 286, de 29 de fevereiro de 2000; Decreto Legislativo nº 302, de 21 de fevereiro de 2001; Decreto Legislativo nº 303, de 21 de março de 2001; Decreto Legislativo nº 304, de 21 de março de 2001; Decreto nº 10.436, de 25 de julho de 2001; Decreto nº 11252, de 10 de Junho de 2003; Decreto nº 11420, de 29 de Setembro de 2003; Decreto nº 11686, de 15 de Setembro de 2004; Decreto nº 11688, de 20 de Setembro de 2004; Decreto nº 12.026, de 17 de janeiro de 2006; Decreto nº 12038, de 8 de fevereiro de 2006; Decreto nº 13.547, de 26 de dezembro de 2012; Decreto nº 15.185, de 11 de março de 2019.

3.1.1 Fundo para o Desenvolvimento das Culturas de Milho e Soja (Fundems)

O estado do Mato Grosso do Sul por meio da Lei Estadual nº 3.984, de 16 de dezembro de 2010, cria o FUNDEMS,[71]

71. Fundo para o Desenvolvimento das Culturas de Milho e Soja (FUNDEMS).

que é vinculado à Secretaria de Estado de Desenvolvimento Agrário, da Produção, da Indústria, do Comércio e do Turismo (SEPROTUR) e receberá parte da contribuição realizada ao Fundersul nos produtos milho e soja.

O fundo em comento surge com o objetivo de custear as ações governamentais da administração direta, indireta e de pessoas conveniadas, que propiciem: (art. 1º, I)

a) o desenvolvimento e a melhoria dos processos ou sistemas de produção, armazenamento, comércio ou transporte do milho e da soja em Mato Grosso do Sul;

b) a prevenção, o combate e a erradicação de doenças ou pragas que afetem ou possam afetar as culturas do milho e da soja;

c) a sustentabilidade das atividades agrícolas relacionadas com o milho e a soja, para diminuir ou evitar a ocorrência de danos ao meio ambiente, à saúde humana, de animais e à economia local.

E continua destacando ainda como objetivo a realização ou financiamento de projetos ou programas, inclusive de pesquisas, que viabilizem à administração e ao administrado o cumprimento das finalidades acima mencionadas. E a execução de ações de fomento, com o objetivo de estimular a produção, o comércio e a industrialização; promovendo e divulgando produtos e subprodutos, propiciando a abertura de novos mercados, relativamente ao milho, à soja e aos seus derivados. (art. 1º, II e III)

A receita do FUNDEMS será oriunda de percentual da contribuição ao Fundersul realizada pelos produtores rurais para a realização de operações com o diferimento do ICMS, nos produtos milho e soja, de acordo com a tabela anexa à Lei nº 1.963/1999, que dispõe sobre o Fundersul, sendo 1,4% do valor arrecadado pelo Fundersul destinado ao FUNDEMS, no caso de milho, e 2,80%, do valor arrecadado pelo Fundersul no caso de soja.[72]

3.2 Fundo Estadual de Transporte e Habitação do estado de Mato Grosso (Fethab)

O estado de Mato Grosso por meio da Lei nº 7.263, de 27 de março de 2000 institui o Fundo Estadual de Transporte e Habitação, vinculado à Secretaria de Estado de Infraestrutura e Logística (SINFRA), inicialmente surge com o objetivo de financiar o planejamento, execução, acompanhamento e avaliação de obras e serviços de transportes e habitação em todo o território mato-grossense.

Com o passar dos anos verifica-se que a base de incidência e a destinação dos recursos foram ampliadas e criou-se Fundos Correlatos:

---

72. "Art. 12. Relativamente aos valores integrantes da Tabela anexa à Lei nº 1.963, de 11 de junho de 1999, alterados pela Lei nº 2.702, de 6 de novembro de 2003, são estabelecidas as seguintes regras:
I - os percentuais de contribuição dos produtores rurais para a realização de operações com o diferimento do ICMS, calculados sobre o valor de uma Unidade Fiscal Estadual de Referência de Mato Grosso do Sul (UFERMS), passam a ser de 17,80% para o produto agrícola milho e de 35,60% para o produto agrícola soja;
II - do percentual de 17,80% para as operações com o diferimento do ICMS com o produto agrícola milho:
a) 16,40% são destinados e devem ser diretamente creditados ao Fundo de Desenvolvimento do Sistema Rodoviário do Estado de Mato Grosso do Sul (FUNDERSUL);
b) 1,40% são destinados e devem ser diretamente creditados ao Fundo para o Desenvolvimento das Culturas de Milho e Soja (FUNDEMS);
III - do percentual de 35,60% para as operações com o diferimento do ICMS com o produto agrícola soja:
a) 32,80% são destinados e devem ser diretamente creditados ao FUNDERSUL;
b) 2,80% são destinados e devem ser diretamente creditados ao FUNDEMS" (MATO GROSSO DO SUL. Assembleia Legislativa. Lei nº 3.984, de 16 de dezembro de 2010. Institui o Fundo para o Desenvolvimento das Culturas de Milho e Soja (FUNDEMS), e dá outras providências. *Diário Oficial do Estado*, n. 7.849, 17 dez. 2010. Disponível em: http://aacpdappls.net.ms.gov.br/appls/ legislacao/serc/legato.nsf/1b758e65922af3e904256b220050342a/b62e88b68231ae40042577fc0048d417?OpenDocument&Highlight=2,Fundersul. Acesso em: 26 ago. 2023).

a) Instituto da Pecuária de Corte Mato-grossense (INPECMT);

b) Instituto Mato-grossense do Algodão (IMAmt);

c) Instituto Mato-grossense do Agronegócio (AGRO);

d) Instituto da Madeira do Estado de Mato Grosso (IMAD);

e) Instituto Mato-grossense do Feijão, Pulses, Grãos Especiais e Irrigação (IMAFIR/MT).

Digno de destaque, há a previsão expressa da legislação de que o recolhimento ao Fethab é uma faculdade do contribuinte, mas ao mesmo tempo que traz como uma opção do contribuinte, impõe o seu respectivo recolhimento como exigência no âmbito do ICMS para se valer de benefícios, incentivos e diferimento. (art. 8º)

✓ fruição do diferimento do ICMS nas operações internas com os produtos mencionados;

✓ condição para manutenção de regime especial para apuração e recolhimento mensal do ICMS nas operações interestaduais e para a remessa da mercadoria para exportação com suspensão ou não incidência do imposto;

Incidindo sob os seguintes produtos: soja; gado em pé; madeira em tora, madeira serrada ou madeira beneficiada; e feijão; gás natural destinado a produção de energia termoelétrica; energia elétrica (saída interna ou interestadual por usinas hidroelétricas ou centrais hidroelétricas); operações com combustíveis (substituto).

E como consequência da não adesão e recolhimento da contribuição ao fundo será devido o ICMS no ato da saída da mercadoria do estabelecimento remetente, aplicando-se sobre a base de cálculo estabelecida na legislação estadual para a respectiva operação interna, sem qualquer redução. Logo, ao contribuinte ou seu substituto, que deixar de efetuar a retenção e/ou recolhimento da contribuição devida ao Fethab, em decorrência das operações próprias ou por substituição, serão aplicadas as penalidades previstas por igual infração relativamente ao ICMS, nos termos do art. 47-E da Lei nº 7.098, de 30 de dezembro de 1998 (arts. 10 e 11, da Lei nº 7.263, de 27 de março de 2000).

E no mesmo sentido, também estará sujeito à aplicação da penalidade, prevista no art. 47-E da Lei nº 7.098, de 30 de dezembro de 1998, o descumprimento de obrigações acessórias, estabelecidas no regulamento para controle e acompanhamento dos valores da contribuição (§1º, art. 10, da Lei nº 7.263, de 27 de março de 2000).

Outro ponto que merece relevância é o fato de que em algumas operações ensejará ao contribuinte, a obrigação de contribuir concomitantemente com o Fethab, seu adicional e ainda com as contribuições ao INPECMT, ao IAGRO, ao IMAD e ao IMAFIR, na forma disposta na lei. Podendo ainda ser editado regulamento dispondo se os respectivos recolhimentos serão efetuados pelo estabelecimento destinatário da mercadoria, na condição de substituto de seu remetente (art. 9º).

As receitas do Fethab serão provenientes da contribuição realizada pelos produtores que usufruir o diferimento ou realizar as operações descritas abaixo:[73]

a) Usufruir do diferimento do ICMS nas operações internas com soja; gado em pé; madeira em tora, madeira serrada ou madeira beneficiada; e feijão;

b) Operações de exportação, bem como nas operações equiparadas à exportação com carne desossada,

73. Base legal: Lei 7.263/2000. Incisos I, III e V do § 1º e nos §§ 1º-A e 1º-B do art. 7º, bem como nos arts. 7º-A, 7º-C, 7º-C-1, 7º-D, 7º-D-1, 7º-E, 7º-F, 7º-F-1, 7º-H, 7º-I e 12.

carne com osso e miudeza das espécies bovina ou bufalina, e milho, transportados.

c) Operações internas: exclusivamente em relação ao algodão em pluma;

d) Operações interestaduais e de exportação, bem como equiparadas à exportação: em relação ao algodão em caroço e ao algodão em pluma.

e) Operações de saídas de gado em pé para abate, cria, recria, engorda ou qualquer outra finalidade, em operações interestaduais ou de exportação, inclusive em operação equiparada à exportação. (efetuarão a contribuição às contas do FETHAB e do INPECMT)

f) Operações de saídas de soja, em operações interestaduais ou de exportação, bem como nas operações equiparadas à exportação (efetuarão a contribuição às contas do FETHAB e do IAGRO)

g) Operações de exportação efetuadas realizadas por intermédio de comercial exportadora, por contribuintes mato-grossenses, dos produtos descritos na legislação.

h) Deverão pagar o adicional do Fethab: nas operações internas com saída de soja, gado em pé, algodão em caroço e algodão em pluma.

Na operação de exportação ou equiparadas à exportação com carne desossada, carne com osso e miudezas as espécies bovinas ou bufalinas, e milho.

E nas operações internas, interestaduais e de exportação, bem como equiparadas à exportação com algodão.

Oportuno destacar que nestas operações serão pagas as contribuições ao Fethab, bem como o adicional do Fethab (§ 1º, art. 7º-D-1 da Lei º 7.263, de 27 de março de 2000).

a) Nas importações, exportações, transporte ou saída de gás natural destinado à produção de energia termoelétrica.

b) Nas operações de saídas interestaduais de madeira em tora, madeira serrada ou madeira beneficiada, inclusive com destino à exportação (deverão pagar o Fethab e o IMAD)

c) Operações de saída de madeira em tora, madeira serrada ou madeira beneficiada, promovidas por estabelecimento industrial mato-grossense com destino a estabelecimento comercial ou a consumidor final.

d) Usinas hidrelétricas ou centrais hidrelétricas, que promoverem saídas internas e/ou interestaduais de energia elétrica.

e) Saída de feijão, inclusive destinadas à exportação, ainda que realizadas por intermédio de comercial exportadoras. (pagarão o Fethab e o IMAFIR/MT).

f) Contribuintes, localizados ou não no território mato-grossense, responsáveis pela retenção e recolhimento do ICMS devido ao estado de Mato Grosso, nas operações com óleo diesel.

Nas operações com combustível "oléo diesel", verifica-se que os contribuintes, localizados ou não no território mato-grossense serão responsáveis pela retenção e recolhimento do ICMS devido ao Estado de Mato Grosso, bem como do Fethab (art. 12 da Lei nº 7.263 de 27 de março de 2000).

E com relação aos recursos arrecadados pelas entidades e fundos privados deverão ser aplicados nas ações definidas no respectivo objeto social.

Portanto, figuram no polos passivos da contribuição em comento:

- ✓ Contribuinte;
- ✓ Destinatário da mercadoria na condição de substituto do seu remetente (art. 9º da Lei nº 7.263, de 27 de março de 2000)
- ✓ Contribuintes, localizados ou não no território mato-grossense, responsáveis pela retenção e recolhimento do ICMS devido ao Estado de Mato Grosso, nas operações com óleo diesel, também devem reter o percentual previsto na legislação referente ao Fethab.

A destinação dos recursos provenientes do recolhimento do Fethab são as seguintes: (art. 14-I da Lei nº 7.263, de 27 de março de 2000)

a) Aplicação em obras de infraestrutura em transporte e em habitação geridas pela Secretaria de Estado de Infraestrutura e Logística (SINFRA), sendo que parte do montante arrecadado será destinado a habitação para famílias de baixa renda vinculadas ao CadÚnico.

b) Realização de projetos e investimentos que tenham a participação da MT PAR.

c) Financiamento de ações da agricultura familiar, vedado o uso para folha de pagamento, custeios e encargos sociais.

d) Aplicação em assistência social.

Competirá ao Conselho Diretor do Fethab decidir sobre a aplicação dos recursos, estabelecendo, inclusive, as prioridades e a cronologia de execução das obras (art. 14-J da Lei nº 7.263, de 27 de março de 2000).

A composição, organização e funcionamento do Conselho Diretor serão disciplinados na regulamentação, garantida a participação das entidades estaduais de classe representativas dos remetentes das mercadorias, de modo paritário em relação aos representantes do Estado (§ 1º, art. 14-J, da Lei nº 7.263, de 27 de março de 2000).

Visando a financiar a execução de obras de infraestrutura de transporte do Estado, no ano de 2016, cria a contribuição adicional ao FETHAB, mas com a previsão expressa de que não se aplica às saídas de madeiras promovidas pelos estabelecimentos industriais mato-grossenses. E traz previsão de vigência até 31 de dezembro de 2018 (art. 14-K, *caput* e §§ 7 º e 8º, da Lei nº 7.263, de 27 de março de 2000).

Por derradeiro, ainda sobre a destinação dos recursos, neste caso os recursos provenientes das obrigações dos contribuintes substitutos nas operações com combustíveis incidirão vinculações institucionais para repasse aos Poderes e Órgãos Autônomos, são eles (art. 15, da Lei nº 7.263, de 27 de março de 2000):

a) Para os Estados com as seguintes destinações: i) habitação, saneamento e mobilidade urbana; ii) pagamento de despesas obrigatórias e essenciais e investimentos; iii) financiamento de ações da agricultura familiar na Empresa Mato-grossense de Pesquisa, Assistência e Extensão Rural (EMPAER); iv) ações de defesa sanitária animal e vegetal, pelo Instituto de Defesa Agropecuária de Mato Grosso (INDEA), vedado o uso para folha de pagamento e encargos sociais.

b) Para os Municípios: i) nas obras de manutenção das rodovias estaduais não pavimentadas; ii) nas obras de construção e manutenção das rodovias municipais, também em pontes e bueiros; iii) na manutenção ou construção de bueiros e pontes de até doze metros, nas rodovias estaduais não pavimentadas; iv) na aquisição e manutenção de equipamentos rodoviários, combustíveis, lubrificantes, peças e serviços de manutenção para atender, exclusivamente, às obras e os serviços relacionados; v) para aplicação em habitação, saneamento e mobilidade urbana. E ainda: vi) na manutenção de rodovias estaduais não pavimentadas e suas obras complementares sob sua administração, como pontes de até 12 (doze) metros e bueiros, de acordo com as normas estabelecidas pela Secretaria de Estado de Infraestrutura e Logística (SINFRA), sem prejuízo de acordo entre os entes no sentido diverso; vii) na manutenção de rodovias municipais e suas obras complementares, como pontes e bueiros; viii) na aquisição e manutenção de equipamentos rodoviários, inclusive combustíveis, lubrificantes, peças e serviços de manutenção, para atender, exclusivamente, às obras e aos serviços.

c) Por fim, as vinculações institucionais para repasse aos Poderes, Órgãos Autônomos e Defensoria Pública Estadual: i) Assembleia Legislativa; ii) Poder Judiciário; iii) Procuradoria Geral de Justiça; iv) Tribunal de Contas; v) Defensoria Pública Estadual.

3.2.1 Fundos "acessórios" com destinação do respectivo recurso a entidades privadas

Trata-se de uma realidade do fundo instituído pelo estado de Mato Grosso, que cria novos fundos, assim, condicionado a fruição do diferimento nas operações internas contribuam para o FETHAB e, conforme o caso, para o Instituto da Pecuária de Corte Mato-grossense (INPECMT), para o Instituto Mato-grossense do Algodão (IMAmt), para o Instituto Mato-grossense do Agronegócio (IAGRO), para o Instituto da Madeira do Estado de Mato Grosso (IMAD), bem como para o Instituto Mato-grossense do Feijão, Pulses, Grãos Especiais e Irrigação (IMAFIR/MT).[74]

Conforme destaca Heleno Torres,

> Adicionalmente, na evolução do programa, o que era um pequeno acréscimo de valor a operação, tomou-se um verdadeiro encargo na operação, o que em alguns casos até ultrapassa o próprio valor do tributo original, com a vantagem, para o Estado, de flexibilidade na gestão dos recursos, manipulados por meio de fundos de natureza privada e a margem do orçamento público e do controle democrático.[75]

Parte do recurso arrecadado pelo Fethab é destinado a fundos de natureza privada, sobre os quais não se tem controle público da destinação destes recursos. Além dos institutos citados (INPECMT, IMAmt, IAGRO, IMAD, IMAFIR/MT), verificam-se ainda os seguintes fundos também de natureza privada:

---

74. "Art. 7º O benefício do diferimento do Imposto sobre Operações relativas à Circulação de Mercadorias e sobre Prestações de Serviços de Transporte Interestadual e Intermunicipal e de Comunicação - ICMS, previsto na legislação estadual para as operações internas com soja; gado em pé; madeira em tora, madeira serrada ou madeira beneficiada; e feijão, fica condicionado a que os contribuintes, remetentes da mercadoria, contribuam para o FETHAB e, conforme o caso, para o Instituto da Pecuária de Corte Mato-grossense - INPECMT, para o Instituto Mato-grossense do Algodão - IMAmt, para o Instituto Mato-grossense do Agronegócio - IAGRO, para o Instituto da Madeira do Estado de Mato Grosso - IMAD, bem como para o Instituto Mato-grossense do Feijão, Pulses, Grãos Especiais e Irrigação - IMAFIR/MT. *(Nova redação dada pela Lei 11.301/2021)*" (MATO GROSSO. Assembleia Legislativa. Lei nº 10.818, de 28 de janeiro de 2019. Altera a Lei nº 7.263, de 27 de março de 2000, que cria o Fundo de Transporte e Habitação - FETHAB, e a Lei nº 6.883, de 02 de junho de 1997, que institui o Programa de Incentivo ao Algodão de Mato Grosso - PROALMAT, e dá outras providências. *Diário Oficial*, Cuiabá, 28 jan. 2019, p. 8).

75. TORRES, Heleno Taveira. *Parecer jurídico sobre inconstitucionalidades do Fundo Especial de Transporte e Habitação ("FETHAB"), previsto na Lei do Estado de Mato Grosso nº 7.263 de 27/03/2000 ("Lei nº 7.263/2000") e suas alterações posteriores.* São Paulo, 11 dez. 2019, p. 2.

a) Fundo de Apoio à Cultura da Soja (FACS) que se destina a financiar ações voltadas ao apoio e desenvolvimento da cultura da soja e organização do respectivo sistema de produção, por meio de entidades representativas deste segmento. (art. 14-A da Lei nº 7.263, de 27 de março de 2000)

b) Fundo de Apoio à Bovinocultura de Corte (FABOV) que se destina a financiar ações voltadas ao apoio e desenvolvimento da bovinocultura de corte e organização do respectivo sistema de produção (art. 14-D, da Lei nº 7.263/2000)

c) Fundo de Apoio à Madeira (FAMAD) que se destina a financiar ações voltadas ao apoio e desenvolvimento do setor de base florestal e organização do respectivo sistema de produção (art. 14-F, da Lei nº 7.263, de 27 de março de 2000)

De forma clara, verifica-se que o objetivo inicial da instituição do fundo foi totalmente desvirtuado, uma vez que o legislador estadual vai além, prevendo até mesmo a possibilidade de destinação do recurso público arrecadado para instituições privadas, sem ter o controle de que serão atendidos os interesses públicos, ou ainda, no caso dos fundos correlatos mencionados (FAC's, FABOV, FAMAD) são destinados ao apoio e desenvolvimento da soja, bonivocultura de corte e setor da base florestal.

Demais disso, como já mencionado, é vedada a vinculação de receita de imposto a fundo, expressa do art. 167, IV, da Constituição da República.[76]

---

76. "Art. 167. São vedados: [...]
V - a vinculação de receita de impostos a órgão, fundo ou despesa, ressalvadas a repartição do produto da arrecadação dos impostos a que se referem os arts. 158 e 159, a destinação de recursos para as ações e serviços públicos de saúde, para manutenção e desenvolvimento do ensino e para realização de atividades da administração tributária, como determinado, respectivamente, pelos arts. 198, § 2º, 212 e 37, XXII, e a prestação de garantias às operações de crédito por antecipação de receita, previstas no art. 165, § 8º, bem como o disposto no § 4º deste artigo; [...]."

E ainda que se trate de imposto, em regra espera-se que os recursos oriundos de receita pública sejam aplicados com o fim de atender às necessidades do Estado.

3.3 Fundo Estadual de Desenvolvimento Industrial do Estado do Maranhão (FDI)

A Lei do estado do Maranhão nº 8.246, de 25 de maio de 2005, institui o Fundo Estadual de Desenvolvimento Industrial, vinculado à Secretaria de Estado da Indústria, Comércio e Turismo do Estado do Maranhão, com objetivo de financiar ações complementares consideradas de interesse do desenvolvimento industrial do Estado do Maranhão, por meio da manutenção, operacionalização, fiscalização e contratação de serviços básicos infraestruturais de áreas e distritos industriais. (art. 1º)

Dentre outras fontes de recursos para o Fundeinfra, destaca-se a contribuição sobre o valor da tonelada da soja, milho, milheto e sorgo produzidos, armazenados ou transportados no Estado do Maranhão (art. 3º, IV, e parágrafo único, da Lei nº 8.246, de 25 de maio de 2005).

Embora inicialmente a lei estadual destaque o caráter não compulsório da contribuição ao FDI-MA, enfatizando a facultatividade atribuída ao contribuinte, trata-se de contribuição imposta como condição à fruição de tratamentos diferenciados por contribuintes do Imposto sobre Operações Relativas à Circulação de Mercadorias e sobre Prestação de Serviços de Transporte Interestadual e Intermunicipal e de Comunicação (ICMS) (art. 3º-A e art. 3º-B, II, da Lei nº 8.246, de 25 de maio de 2005).

Nos termos da legislação estadual, são considerados tratamentos diferenciados: diferimento, concessão de redução da base de cálculo, crédito presumido ou crédito outorgado, e de regime tributário para o cumprimento de obrigações, todos vinculados ao ICMS (art. 3º-A, § 1º, da Lei nº 8.246, de 25 de maio de 2005).

Trata-se de condição também para manutenção de regime especial para apuração e recolhimento mensal do ICMS nas operações interestaduais e de exportação e de saídas com o fim específico de exportação, incluídas as remessas destinadas à formação de lote, quando couber (art. 3º-B, III, da Lei nº 8.246, de 25 de maio de 2005).

Será gerido por um Conselho Gestor que possui a seguinte composição: (art. 4º, da Lei nº 8.246, de 25 de maio de 2005)

a) Secretário de Estado de Indústria, Comércio e Energia;
b) Secretário de Estado do Planejamento e Orçamento;
c) Secretário de Estado da fazenda e pelo Secretário de Estado da Infraestrutura;
d) Terá a participação de um representante dos produtores maranhenses de soja, milho, milheto e sorgo.

O Conselho Gestor terá as seguintes atribuições:

a) manter o controle e acompanhamento da aplicação dos recursos;
b) efetuar os registros contábeis necessários;
c) elaborar o programa anual dos recursos do Fundo;
d) gerir e deliberar sobre a aplicação dos recursos;
e) avaliar o desempenho e prestar contas dos resultados obtido.

3.3.1 Taxa de Fiscalização de Transporte de Grãos (TFTG) e Fundo Estadual para Rodovias do estado do Maranhão (FEPRO)

O Estado do Maranhão inova instituindo também a taxa do TFTG[77] sendo está uma das fontes de receita do FEPRO.[78]

Por meio da Lei Estadual nº 11.867, de 23 de dezembro de 2022, é instituída a Taxa de Fiscalização de Transporte de Grãos e o Fundo Estadual para Rodovias do Estado do Maranhão, que posteriormente teve alguns dispositivos alterados pela Lei nº 12.165, de 19 de dezembro de 2023.

A TFTG tem como fato gerador o exercício do poder de polícia exercido pela Secretaria de Estado da Fazenda e de Infraestrutura em articulação com a Polícia Rodoviária Estadual, com a finalidade de fiscalizar o transporte de soja, milho, milheto e sorgo em grãos no território maranhense (art. 31, *caput* e parágrafo único, da Lei nº 11.867, de 23 de dezembro de 2022).

Sendo seu contribuinte a pessoa, física ou jurídica, que realize saída interna, interestadual ou com destino à exportação, de soja, milho, milheto e sorgo em grãos no Estado do Maranhão, sendo considerado ocorrido o fato gerador desta taxa no momento do início da prestação do serviço de transporte dos grãos.

Demais disso, a legislação prevê expressamente que o contribuinte deve realizar o recolhimento da taxa independentemente da retenção e recolhimento do ICMS, devido em cada operação. E caso o contribuinte deixe de efetuar o recolhimento da taxa ou descumpra as obrigações acessórias, aplicam-se as mesmas penalidades previstas por igual

77. Taxa de Fiscalização de Transporte de Grãos (TFTG).

78. Fundo Estadual para Rodovias do Estado do Maranhão (FEPRO).

infração relativamente ao ICMS, nos termos da Lei nº 7.799 de 2002 e do Regulamento do ICMS de 2003.

Com relação ao FEPRO, é vinculado à Secretaria de Estado de Infraestrutura tendo como objetivo o financiamento do planejamento, a construção, a ampliação, a recuperação e a manutenção de rodovias estaduais.

Sendo administrado por um Conselho Gestor, que possui a seguinte composição (art. 37 da Lei nº 11.867, de 23 de dezembro de 2022):

a) Secretário de Estado de Infraestrutura (SINFRA), que o presidirá;

b) Secretário de Estado de Fazenda (SEFAZ);

c) Secretário de Estado de Planejamento e Orçamento (SEPLAN);

d) um representante da entidade de classe dos produtores alcançados pela responsabilidade de recolhimento financeiro ao FEPRO.

E neste contexto, destaca-se que os integrantes do Conselho Gestor são nomeados pelo Governador, não são remunerados, possuindo as seguintes atribuições: (art. 38 da Lei nº 11.867, de 23 de dezembro de 2022)

a) estabelecer a política de aplicação dos recursos do FEPRO;

b) propor à Secretaria de Estado de Planejamento e Orçamento (SEPLAN) o orçamento-programa da unidade orçamentária;

c) estabelecer as diretrizes para o aperfeiçoamento do sistema viário do Estado, visando à integração estratégica com outros modais de transporte, no sentido de uma integração cada vez maior entre as diversas regiões maranhenses e destas com os modais nacionais e áreas de exportação;

d) articular com a Secretaria de Estado de Meio Ambiente e Recursos Naturais (SEMA) e com o Conselho Estadual do Meio Ambiente (CONSEMA), soluções sobre implicações ecológicas e de impactos ambientais deles decorrentes, em função de obras viárias a serem construídas ou modificadas com recursos do FEPRO;

e) encaminhar apreciação prévia da prestação de contas da aplicação dos recursos do FEPRO aos órgãos de controle;

f) representar o FUNDO perante os entes do Poder Executivo Estadual, à Assembleia Legislativa, Poder Judiciário, Administração Pública em geral, bem como nas interpelações propostas pela sociedade;

g) Elaborar e aprovar o regimento interno.

E dentre as receitas previstas no art. 40 da Lei estadual nº 11.867/2022 para o FEPRO destaca-se a Taxa de Fiscalização de Transporte de Grãos (TFTG) (inciso XI, do mesmo diploma legal).

Em síntese, a cobrança da TFTG e do FEPRO é veiculada pela Lei nº 11.867/2022, regulamentada pelo Decreto Estadual nº 38.214, de 31 de Março de 2023, relativamente à instituição da Taxa de Fiscalização de Transporte de Grãos (TFTG) e da Taxa de Controle e Monitoramento Ambiental da Atividade de Transporte Ferroviário de Recursos Minerais no Estado do Maranhão (TMTF).

E segue sendo complementada pelos seguintes diplomas legais:

a) Medida Provisória nº 416, de 31 de agosto de 2023 doe nº 162, de 31.08.23, que dentre outras alterações, institui a Taxa de Controle e Monitoramento Ambiental da Atividade de Transporte Ferroviário de Recursos Minerais; institui a Taxa de Fiscalização de Transporte de Grãos e o Fundo Estadual para Rodovias do Estado do Maranhão – FEPRO;

b) Medida Provisória nº 428, de 12 de dezembro de 2023, que altera a Lei nº 7.769 de 11 de outubro de 2002, que concede diferimento do ICMS nas operações de importação do exterior, realizadas por empresas exportadoras.

c) Lei nº 12.165, de 19 de dezembro de 2023, que altera a Lei nº 11.867, de 23 de dezembro de 2022, que institui a Taxa de Controle e Monitoramento Ambiental da Atividade de Transporte Ferroviário de Recursos Minerais e dá outras providências.

3.4 Fundo Estadual do Transporte, estado de Tocantins (FET)

A Lei estadual nº 3.617, de 18 de dezembro de 2019, institui o Fundo Estadual de Transporte (FET), vinculado à Secretaria da Fazenda, dotado de autonomia administrativa, financeira e contábil, para captar recursos financeiros destinados à infraestrutura, com objetivo de prover recursos financeiros destinados ao planejamento, à execução, ao acompanhamento e à avaliação de obras e serviços relativos a transportes no Estado; e contribuir para a implementação, em âmbito estadual, de políticas e ações administrativas de infraestrutura agropecuária, recuperação, manutenção, conservação, pavimentação e implantação de rodovias, sinalização, pontes, bueiros.

Em dezembro de 2023, a lei instituidora do fundo é alterada por meio da Lei nº 4.303 de 21 de dezembro de 2023 prevendo a alíquota da contribuição destinada ao FET de

1,2% sobre o valor da operação destacada no documento fiscal emitido para fins do ICMS.

O Fundo é gerido por um Conselho de Administração, que é composto pelos seguintes membros: (art. 2º, Lei nº 3.617, de 18 de dezembro de 2019)

a) Secretário de Estado da Fazenda, que o presidirá;

b) Secretário de Estado da Agricultura e Pecuária;

c) Secretário de Estado da Indústria, Comércio e Serviços;

d) Secretário de Estado do Planejamento e Orçamento;

e) Presidente da Agência de Transportes, Obras e Infraestrutura;

f) Presidente da Associação dos Produtores de Soja e Milho do Estado do Tocantins (Aprosoja Tocantins);

g) Federação das Indústrias do Estado do Tocantins - Fieto;

h) Federação da Agricultura e Pecuária do Estado do Tocantins - Faet;

i) Federação do Comércio de Bens, Serviços e Turismo do Estado do Tocantins - Fecomércio-TO.

Além dos membros do Conselho de Administração não serem remunerados, possuem as seguintes competências: (art. 4º, da Lei nº 3.617, de 18 de dezembro de 2019)

a) aprovar a programação financeira;

b) expedir normas e instruções complementares disciplinadoras da aplicação dos recursos financeiros disponíveis;

c) manter arquivo, com informações claras e específicas, das ações, dos programas e dos projetos desenvolvidos, conservando em boa guarda os documentos correspondentes;

d) manter organizados os demonstrativos de contabilidade e escrituração do Fundo;

e) elaborar e aprovar, no prazo de 90 dias contados da data de instituição do Fundo, o respectivo regimento interno.

f) gerir e definir a destinação dos recursos do FET.

Dentre as fontes de receita do fundo, destacam-se os recursos provenientes da cobrança de taxas que a legislação lhe destinar e ainda, da contribuição realizada pelos contribuintes que realizarem operações interestaduais e de exportação ou equiparadas à exportação com produtos de origem vegetal, mineral ou animal (art. 6º).

Contribuinte do FET, neste caso, são aqueles que fruírem benefício ou incentivo fiscal previstos na legislação do Imposto sobre Operações Relativas à Circulação de Mercadorias e sobre Prestações de Serviços de Transporte Interestadual e Intermunicipal e de Comunicação, conforme definido em regulamento, bem como o contribuinte que optar pelo regime especial que vise ao controle das operações destinadas ao exterior, com comprovação futura da efetiva exportação (art. 7º, da Lei nº 3.617, de 18 de dezembro de 2019).

Oportuno registrar que a legislação enumera expressamente algumas operações que não serão tributadas pelo FET, tais como (art. 7º, § 2º, da Lei nº 3.617, de 18 de dezembro de 2019):

a) operações com combustíveis líquidos ou gasosos e lubrificantes derivados ou não de petróleo;

b) as remessas efetuadas por produtor rural com destino a armazém geral, leilão, exposição ou feiras e os respectivos retornos, desde que observados os prazos previstos no Regulamento do ICMS, aprovado pelo Decreto nº 2.912, de 29 de dezembro de 2006;

c) as saídas efetuadas por produtor rural de ovos e mercadorias oriundas de hortaliças;

d) as remessas nas operações internas com animais vivos: bovinos, suínos, bubalinos, caprinos, ovinos e equinos, inclusive aves.

A Secretaria da Fazenda será responsável pela administração, fiscalização, arrecadação e eventual aplicação de penalidade em relação à apuração e ao recolhimento da contribuição ao FET (art. 8º, da Lei nº 3.617, de 18 de dezembro de 2019).

E a omissão de recolhimento da contribuição ao fundo, nas hipóteses previstas nos incisos I e II do *caput*, do art. 7º, da Lei nº 3.617, de 18 de dezembro de 2019, acarreta a cobrança integral do ICMS (§3º, do art. 7º, do diploma legal citado).

E por derradeiro, com relação à destinação e utilização dos recursos, dentre outros, destaca-se a utilização em obras e serviços de infraestrutura agropecuária, nos modais de transporte, recuperação, manutenção, conservação, pavimentação e implantação de rodovias estaduais; e ainda como contribuição do Estado, a título de contrapartida, na celebração de convênio com a União, cuja finalidade seja obras e serviços do sistema rodoviário do Estado (art. 9º, da Lei nº 3.617, de 18 de dezembro de 2019).

3.5 Fundo Estadual de Infraestrutura do estado de Goiás (Fundeinfra)

A Lei do estado de Goiás nº 21.670, de 6 de dezembro de 2022 institui o Fundo Estadual de Infraestrutura, regulamentada pelo Decreto nº 10.187/2022; Instruções normativas SEE/GO 1.542/23 e 1.543/23, vinculado à Secretaria de Estado da Infraestrutura (SEINFRA), com a finalidade de captação de recursos destinados ao desenvolvimento econômico do estado de Goiás (art. 1º).

O Fundo tem os seguintes objetivos:

a) gerir os recursos oriundos da produção agrícola, pecuária e mineral no Estado de Goiás.

b) implementar, em âmbito estadual, políticas e ações administrativas de infraestrutura agropecuária, dos modais de transporte, recuperação, manutenção, conservação, pavimentação e implantação de rodovias, sinalização, artes especiais, pontes, bueiros, edificação e operacionalização de aeródromos.

Possui um Conselho Gestor, composto por representantes do Estado de Goiás, membros natos e os da iniciativa privada, ainda que não remunerados, serão responsáveis por definir a destinação dos recursos do Fundeinfra (art. 2º).

Terá um Conselho Fiscal, que será responsável pelo acompanhamento das ações concernentes à captação de recursos e ao custeio das atividades implementadas (art. 4º).

Dentre as receitas do Fundo, destaca-se a contribuição exigida no âmbito do ICMS como condição para usufruir incentivo ou benefício fiscal, contribuinte que optar pelo regime especial para realizar operação de exportação, e nos casos dos impostos devidos por substituição tributária. E ainda, as contribuições oriundas de taxas de prestação de serviços relativos a políticas de infraestrutura, edificação, desenvolvimento de modal de transporte, produção mineral e energia (art. 5º).

Logo, em linhas gerais, a contribuição é exigida no âmbito do ICMS como condição para:

a) fruição de incentivo ou benefício fiscal;

b) o contribuinte que optar por regime especial que vise ao controle das saídas de produtos destinados ao exterior ou com o fim específico de exportação e à comprovação da efetiva exportação;

c) imposto devido por substituição tributária pelas operações anteriores ser: (substituição tributária para trás).

I) pago pelo contribuinte credenciado para tal fim por ocasião da saída subsequente;

II) apurado juntamente com aquele devido pela operação de saída própria do estabelecimento eleito substituto, que resultará em um só débito por período.

Os recursos do Fundeinfra serão empregados em projetos, atividades e ações inerentes aos seus objetivos e empenhados à conta das dotações específicas administradas pela SEINFRA, com recursos transitados pela conta única do Tesouro Estadual (art. 6º).

4. AS PECULIARIDADES DO AGRONEGÓCIO

O agronegócio envolve diversas operações e atividades que são fortemente influenciadas por concepções de ordem econômica.

Trata-se do conjunto organizado de atividades que envolve todas as etapas compreendidas entre fornecimento dos insumos para produção até a distribuição para consumo final dos produtos, subprodutos e resíduos de valor econômico relativos a alimentos, fibras naturais, bioenergias, também compreendendo bolsas de mercadorias e futuros e as formas próprias de financiamento.[79]

Em linhas gerais, a cadeia de produção do agronegócio vai desde o fornecimento de insumos, a produção, armazenagem, distribuição para consumo, até as formas de financiamento específicas para o setor.

Destaca-se que o setor apresenta peculiaridades que impactam diretamente no resultado da produção e consequentemente no crescimento da atividade, tais como as pragas, a sazonalidade, dependência climática, variação de câmbio, o próprio consumo dentro da sociedade, dentre outros.

---

79. BURANELLO, Renato. Conceito e Regime Jurídico do Agronegócio. Direito & Economia. Políticas Públicas. Curso Direito do Agronegócio. *Insper*, São Paulo, 13-17 set. 2021, slide 15.

E dentro deste contexto, o estímulo e apoio para o setor são extremamente importantes para promover o crescimento e a segurança alimentar. Logo, o intuito é não onerar demasiadamente o setor, para que seja possível investir mais nas atividades agrícolas, pecuária, extrativista vegetal, responsáveis pela produção dos produtos primários, viabilizando a modernização da infraestrutura, propiciando a aquisição de maquinários e investimento em pesquisa para se obter melhor resultado de sua produção, que consequentemente faz aumentar a produtividade e competitividade do setor.

E para viabilizar que o setor implemente o fundamento constitucional da "dignidade da pessoa humana",[80] e que possibilite a realização do objetivo da República Federativa do Brasil que preceitua sobre a "erradicação da pobreza e redução das desigualdades sociais e regionais"[81] é necessário garantir uma tributação diferenciada para o setor, a fim de reduzir o custo da produção dos alimentos e matéria-prima. Com isso, os alimentos teriam valores acessíveis e chegariam à mesa de todos os cidadãos.[82]

É dentro deste contexto que se defendem os incentivos e benefícios fiscais vigentes para o agronegócio, como uma forma de compensar as peculiaridades do setor e ao mesmo tempo viabilizar o cumprimento dos fundamentos e objetivos constitucionais da República Federativa do Brasil.[83]

---

80. "Art. 1º A República Federativa do Brasil, formada pela união indissolúvel dos Estados e Municípios e do Distrito Federal, constitui-se em Estado Democrático de Direito e tem como fundamentos: [...] III - a dignidade da pessoa humana; [...]".

81. "Art. 3º Constituem objetivos fundamentais da República Federativa do Brasil: [...]
III - erradicar a pobreza e a marginalização e reduzir as desigualdades sociais e regionais; [...]."

82. CALCINI, Fabio Pallaretti Calcini. Tributação Diferenciada no Agronegócio não é privilégio. *Conjur*, São Paulo, 20 out. 2017. Disponível em: https://www.conjur.com.br/2017-out-20/direito-agronegocio-tributacao-diferenciada-agronegocio-nao-privilegio/. Acesso em: 20 fev. 2024.

83. "Tributar de forma diferenciada o setor do agronegócio não é privilégio, mas, verdadeiramente, cumprir o que determina a Constituição Federal e o sistema jurídico brasileiro" (*ibid.*, p. 1).

Ainda assim, de acordo com dados da Receita Federal do Brasil, o setor não é o mais incentivado, perdendo para o comércio e a indústria. [84]Dados do IBGE mostram que a respeito da arrecadação tributária, o setor atingiu a cifra de R$ 460,17 bilhões de reais, no ano de 2020, o que equivale a 19,3% do total arrecadado na economia brasileira.[85]

Dentro desta realidade, o que se verifica é que o setor faz jus a uma tributação diferenciada, representada pelo diferimento do imposto, por incentivos e benefícios fiscais. Alguns estados brasileiros têm estes benefícios e incentivos relacionados ao ICMS condicionados à realização de contribuição a fundos estaduais que incidem sobre os produtos do agronegócio, fazendo perder o sentido da tributação diferenciada inicialmente proposta. Assim, o caminho a ser percorrido deve avançar na direção de redução de custos.

Nesse sentido, ressai ainda do enunciado do art. 187 da Constituição da República[86] a necessidade de políticas públicas que promovam o desenvolvimento do setor agrícola, visando à melhoria das condições de vida no campo, à produtividade e à sustentabilidade ambiental, o que inclui desde o apoio à agricultura familiar até o estímulo à modernização e tecnificação do agronegócio.[87]

---

84. BRASIL. Ministério da Economia. Receita Federal. *Demonstrativo dos Gastos Governamentais Indiretos de Natureza Tributária (Gastos Tributários)*. PLOA 2023. Brasília, set. 2023. A distribuição dos subsídios foi estimada com base em informações da Receita Federal de 2017.

85. IBGE. Instituto Brasileiro de Geografia e Estatística. *SCN - Sistema de Contas Nacionais*. Rio de Janeiro: IBGE, 2021. Disponível em: https://www.ibge.gov.br/estatisticas/economicas/servicos/ 9052-sistema-de-contas-nacionais-brasil.html. Acesso em: 22 jul. 2023.

86. "Art. 187. A política agrícola será planejada e executada na forma da lei, com a participação efetiva do setor de produção, envolvendo produtores e trabalhadores rurais, bem como dos setores de comercialização, de armazenamento e de transportes, levando em conta, especialmente:
I - os instrumentos creditícios e fiscais; [...]".

87. Percebe-se, portanto, que a Constituição Federal estabelece e direciona sua atividade por meio de políticas públicas para fomentar e incentivar o setor do

O dispositivo constitucional em comento (art. 187) cria um arcabouço para promover ações que visem ao crescimento sustentável do setor agrícola, garantindo a segurança alimentar, o desenvolvimento econômico e a preservação dos recursos naturais, tudo alinhado aos preceitos constitucionais.

Portanto, a legislação direcionada ao agronegócio não dispõe sobre privilégios; em verdade, trata-se de instrumentos fiscais que buscam fomentar o setor (extrafiscalidade tributária).

4.1 Incentivo fiscal: instrumento para o fomento do agronegócio

O Incentivo ou benefício fiscal é um tema complexo e controverso, e especificamente quando se trata de incentivos para o setor do agronegócio envolve questões sociais, econômicas e ambientais.

O setor do agronegócio desempenha um papel importante para a econômica brasileira e também de outros países, fornecendo alimentos, matéria-prima e de forma direta e indireta gera muitos empregos.

E partindo desta linha de raciocínio que os incentivos fiscais servem como um estímulo e apoio para o setor, promovendo o crescimento e também a segurança alimentar. Com isso, pode-se investir mais no agronegócio, modernizando a infraestrutura, propiciando a aquisição de maquinários e investimento em pesquisa para se obter melhor resultado de sua produção seja agrícola, pecuária,

agronegócio, podendo-se destacar no inciso I, do art. 187, que, expressamente, determina a necessidade de levar em consideração instrumentos fiscais (CALCINI, Fabio Pallaretti Calcini. Tributação Diferenciada no Agronegócio não é privilégio. *Conjur*, São Paulo, 20 out. 2017. Disponível em: https://www.conjur.com.br/2017-out-20/direito-agronegocio-tributacao-diferenciada-agronegocio-nao-privilegio/. Acesso em: 20 fev. 2024).

extrativista vegetal, que consequentemente faz aumentar a produtividade e competitividade do setor.

Dentre as muitas críticas, a concessão de incentivo fiscal para o agronegócio ressai o argumento falacioso de que o setor não paga tributos, que é o segmento mais subsidiado com os incentivos fiscais e que os benefícios favorecem apenas os grandes produtores e agroindústria.

A respeito do recolhimento de tributos de acordo com informações do IBGE, como já constou, o setor atingiu a cifra de R$ 460,17 bilhões de reais, em 2020, o que equivale a 19,3% do total arrecadado na economia brasileira. [88] Nota-se que se refere a período que ocorreram muitas desonerações tributárias em razão da pandemia.

Sobre os subsídios concedidos através de incentivos fiscais, de acordo com pesquisa disponibilizada pela Receita Federal do Brasil, por meio do Demonstrativo de Gastos Tributários, o setor que recebeu mais subsídios foi de comércio e serviços, e não o agronegócio. [89]

Ainda assim, quando se trata de incentivo fiscal para o setor do agronegócio não se restringe aos grandes produtores, ou agroindústria, uma vez que o estímulo é direcionado também aos pequenos produtores, já que o objetivo não é a concentração de riqueza na mão de alguns, mas sim propiciar o crescimento de todo o segmento.

E o que se vê ainda é que os incentivos fiscais podem servir de ferramenta para realização de práticas agrícolas

---

88. IBGE. Instituto Brasileiro de Geografia e Estatística. *SCN - Sistema de Contas Nacionais.* Rio de Janeiro: IBGE, 2021. Disponível em: https://www.ibge.gov.br/estatisticas/economicas/servicos/ 9052-sistema-de-contas-nacionais-brasil.html. Acesso em: 22 jul. 2023.

89. BRASIL. Ministério da Economia. Receita Federal. *Demonstrativo dos Gastos Governamentais Indiretos de Natureza Tributária (Gastos Tributários).* PLOA 2023. Brasília, set. 2023. A distribuição dos subsídios foi estimada com base em informações da Receita Federal de 2017.

sustentáveis, tais como agricultura orgânica e conservação de recursos naturais.

E dentro deste contexto, os entes estaduais têm viabilizado incentivos fiscais para o setor, variando o tipo de benefício de um estado para o outro, uma vez que são concedidos de acordo com as suas respectivas políticas e legislações. Assim, dentre os incentivos fiscais concedidos, vale destacar alguns que são mais comuns entre os estados, tais como: isenção ou redução do ICMS; diferimento, que embora comumente seja tratado como benefício fiscal, não se trata de um benefício e nem mesmo incentivo; imunidade nas operações de exportação, dentre outros.

Ocorre que alguns estados criaram fundos estaduais incidentes sobre as operações do agronegócio, prevendo que para os produtores que tenham interesse em aproveitar os incentivos fiscais estaduais estão condicionados ao recolhimento dos fundos. Na prática, o ente estadual concede um incentivo fiscal relacionada ao ICMS para determinadas operações, mas ao mesmo tempo onera esta mesma operação com a imposição de recolhimento de uma suposta contribuição ao fundo, assim, criando um ônus para estes produtores.

Assim, destaca-se a título de exemplo os estados de Mato Grosso (Fethab) e Mato Grosso do Sul (Fundersul) que concedem o diferimento para a primeira operação da cadeia, realizada tanto pelo pecuarista, que vende o gado em pé para um frigorífico, como pelo agricultor na venda dos grãos para a agroindústria, ambas as situações em operações internas. Contudo, para poder valer-se do diferimento, de acordo com as respectivas legislações estaduais, deverão pagar os fundos (Fethab-MT; Fundersul-MS), ou terá como consequência, a obrigação de antecipar o recolhimento do ICMS com a carga cheia, antes mesmo da saída do gado, ou de cada grão de soja ou milho que sair da respectiva propriedade rural.

E neste mesmo sentido, atualmente contemplando em suas legislações estaduais a "contribuição" ao fundo para usufruir incentivos fiscais relacionadas ao ICMS, dispõem 05 (cinco) unidades federadas (MS; MT; TO; MA; GO).

De uma forma geral, os benefícios fiscais se situam dentro da extrafiscalidade, tendo a finalidade principal de estimular determinadas condutas e não o desígnio arrecadatório.

Apesar dos esforços em prol da imposição igualitária dos encargos fiscais entre os contribuintes, em verdade se verifica que a dinâmica sob a ótica econômica e social, que também são enfatizadas pela Constituição da República leva à necessidade de ajuste da tributação considerando as peculiaridades e diferenciação de atividades, setores e indivíduos.

Assim, o Poder Público estabelece situações desonerativas de gravames tributários, mediante a concessão de incentivos e benefícios fiscais, com o natural objetivo de estimular o contribuinte à adoção de determinados comportamentos, tendo como subjacente o propósito governamental a realização de diversificados interesses públicos.[90]

Oportuno destacar, mas sem o interesse de esgotar o assunto que, alguns doutrinadores defendem a "distinção entre incentivo fiscal e benefício fiscal", e assim destacam a diferença semântica entre benefício e incentivo fiscal.

Neste contexto, Fernando Facury Scaff dispõe sobre a sutil diferença entre benefício e incentivo fiscal, afirmando que enquanto os "benefícios visam *(sic)* diferenciar, distinguir, privilegiar determinada atividade ou empresa", e

> Poder-se-ia até falar em uma situação de privilégio, justificado ou injustificado, que tivesse sido concedida àquela unidade empresarial. [...] Os incentivos fiscais são semelhantes, havendo

90. MELO, José Eduardo Soares de. *ICMS:* teoria e prática. 15. ed. rev. e atual. Porto Alegre: Livraria do Advogado, 2020, p. 321.

> (pelo menos) uma pequena distinção, pois estes visam a estimular, incentivar, impulsionar determinada empresa ou setor. [...] No fundo, a distinção apontada existe, mas é sutil e encontra-se na motivação: nos benefícios há uma diferenciação, nos incentivos busca-se estimular.[91]

Os incentivos fiscais podem ser concedidos de diversas formas, desde a imunidade, isenções, alíquotas reduzidas, suspensão de impostos, manutenção de créditos, investimentos privilegiados, dentre outros.[92]

Nesse contexto, oportuno discorrer sobre os incentivos fiscais mais usuais, especialmente os que são concedidos no âmbito do ICMS pelos entes estaduais, e que estão sendo condicionados ao recolhimento aos fundos incidentes sobre as operações do agronegócio para poder usufruí-los, mas sem a intenção de esgotar o assunto, destacando que as expressões incentivo e/ou benefício fiscal serão utilizadas no decorrer do desenvolvimento desta obra como sinônimos, sem o apego semântico da palavra.

Iniciando-se pelo ***diferimento***, que se trata de hipótese de postergação do recolhimento do imposto para a próxima etapa da cadeia de circulação de mercadorias, mas que em regra ocorre mediante atribuição de responsabilidade tributária ao destinatário da mercadoria com tributo suspenso ou diferido.

---

91. SCAFF, Fernando Facury. Reintegra: direito, incentivo ou benefício fiscal? *Conjur*, São Paulo, 01 mar. 2022. Disponível em: https://www.conjur.com.br/2022-mar-01/contas-vista-reintegra-direito-incentivo-ou-beneficio-fiscal. Acesso em: 03 nov. 2023.

92. Os incentivos fiscais manifestam-se, assim sob várias formas jurídicas, desde a forma imunitória até a de investimentos privilegiados, passando pelas isenções, alíquotas reduzidas, suspensão de impostos, manutenção de créditos, bonificações, créditos especiais – dentre eles os chamados créditos-prêmio – e outros mecanismos, cujo fim último é, sempre, o de impulsionar ou atrair, os particulares para a prática das atividades que o Estado elege como prioritárias, tornando, por assim dizer, os particulares em participantes e colaboradores da concretização das metas postas como desejáveis ao desenvolvimento econômico e social por meio da adoção do comportamento ao qual são condicionados" (ATALIBA, Geraldo; GONÇALVES, José Artur Lima. Crédito-prêmio de IPI: Direito Adquirido; Recebimento em Dinheiro. *Revista de Direito Tributário*, São Paulo, v. 15, n. 55, p. 162-179, jan./mar. 1991, p. 167).

E assim, enquanto na *suspensão,* a hipótese de pagar o tributo com pagamento adiado é do próprio agente que realizou o fato gerador, o *diferimento* ocorre dentro de uma cadeia plurifásica, com a substituição do sujeito passivo, que no caso será o próximo agente da cadeia. Neste sentido, Roque Carrazza define o *diferimento* como

> [...] adiamento do pagamento do tributo [...] não passa de modalidade de substituição tributária (no caso, substituição tributária para trás). É um tipo de benefício fiscal, que, em matéria de ICMS, deve obedecer às mesmas diretrizes que norteiam a concessão de créditos presumidos, isenções etc.[93]

E continua enfatizando que o *diferimento* "caracteriza dilação do dia do pagamento, ou expressa o fenômeno do destinatário legal tributário (substituição)", já na suspensão "a incidência do imposto está condicionada à verificação de evento futuro e incerto. [...] só com o seu implemento dar-se-ia o 'fato gerador'; não antes. Não é a incidência que, iniciada, é suspensa, mas o próprio fato gerador que não se dá por faltar-lhe a condição".[94]

Assim, a respeito do diferimento, existe vasta e tormentosa discussão na doutrina sobre a sua natureza jurídica, que vai desde a compreensão como *efeito de isenção tópica, independente do nomem iuris,* como ainda, no Rio Grande do Sul "que fala em diferimento da incidência e não em diferimento do lançamento e do pagamento, como na legislação de Minas Gerais" e ainda, há os que veem o "diferimento como um misto de substituição tributária".[95]

---

93. CARRAZZA, Roque Antonio. *ICMS*. 17. ed., rev. e ampl. até EC 88/2015 e de acordo com a Lei Complementar 87/1996, com suas ulteriores modificações. São Paulo: Malheiros, 2012, p. 455-456

94. COELHO, Sacha Calmon Navarro. *Teoria geral do tributo, da interpretação e da exoneração tributária*. 4. ed. Belo Horizonte: Fórum, 2018, p. 201, 203.

95. *Ibid.*, p. 207, 208.

Para fins da presente obra, adota-se o entendimento no sentido de que o *diferimento* é uma dilação do momento do pagamento ou substituição (expresso pelo fenômeno do destinatário do pagamento – substituição tributária para trás, ou seja, o sujeito passivo será o substituto que promover a próxima etapa da circulação da mercadoria, e não o sujeito que aproveitou o diferimento), ao passo que na suspensão, sequer ocorreu o fato imponível (fato gerador), melhor dizendo a condição não se implementou.

E dentro desta linha de raciocínio, apesar do tratamento usualmente conferido ao *diferimento* como benefício fiscal pelas legislações estaduais, ao dispor sobre os seus respectivos incentivos relacionados ao ICMS, como já destacado não se trata de benefício e/ou incentivo fiscal.

Nesse sentido, destaca-se que as legislações dos estados de Mato Grosso do Sul, Mato Grosso, Maranhão, Tocantins e Goiás preveem o diferimento do ICMS em suas operações internas, como se incentivo/benefício fiscal fosse, mediante a condição de realizar "contribuição" aos fundos estaduais do agronegócio para poder usufruir o diferimento.

Digno de destaque também a ***isenção***, que de acordo com o constructivismo lógico-semântico é instituída no plano da legislação ordinária, atuando como "expediente redutor do campo de abrangência dos critérios da hipótese ou da consequência da regra-matriz do tributo".[96] Assim, "a regra de isenção investe contra um ou mais dos critérios da norma-padrão de incidência, mutilando-os *parcialmente*".[97]

Enquanto o conceito geral de *isenção* para a doutrina é no sentido de que, embora na isenção ocorra a incidência, fazendo surgir a obrigação tributária no momento que se

---

96. CARVALHO, Paulo de Barros. *Curso de direito tributário*. 31. ed., rev. e atual. São Paulo: Saraiva, 2021, p. 206.

97. *Ibid.*, p. 526.

deu a realização do fato jurídico tributário, a lei dispensa o seu pagamento. Inclusive, neste sentido, Paulo de Barros Carvalho dispõe que

> [...] a isenção se dá no plano da legislação ordinária. Sua dinâmica pressupõe um encontro normativo, em que ela, regra de isenção, opera como expediente redutor do campo de abrangência dos critérios da hipótese ou da consequência da regra-matriz do tributo.[98]

Contudo, é nítida a incongruência do conceito geral de isenção para a doutrina quando afirma que com a incidência tributária, surge a obrigação tributária, que somente em um momento posterior que será afastada, em razão da dispensa do pagamento expresso pela norma isentiva.

Portanto, mantendo coerência com a linha do constructivismo-lógico semântico, adota-se o entendimento de que na *isenção* tem-se a mutilação de um dos critérios da regra-matriz de incidência tributária.

Passando a discorrer sobre ***imunidade tributária***, de início, registra-se que não se trata de incentivo fiscal, é norma constitucional, e surge em momento que antecede a incidência. Logo, não há obrigação tributária. Trata-se de regra de estrutura dirigida às pessoas jurídicas de direito público dotadas de personalidade jurídica, vedando expressamente a instituição de obrigação tributária sobre operações de exportação.

Demais disso, destaca-se que a imunidade está inserida no texto constitucional dentro do capítulo que dispõe sobre a limitação constitucional às competências tributárias, fundido na hipótese de não incidência juridicamente qualificada no texto da Constituição da República, ou ainda supressão da competência impositiva, ou exclusão do próprio poder de tributar.

---

98. CARVALHO, Paulo de Barros. *Curso de direito tributário*. 31. ed., rev. e atual. São Paulo: Saraiva, 2021, p. 206.

Paulo de Barros Carvalho traz a seguinte definição:

> [...] classe finita e imediatamente determinável de normas jurídicas, contidas no texto da Constituição da República, e que estabelecem, de modo expresso, a incompetência das pessoas políticas de direito constitucional interno para expedir regras instituidoras de tributos que alcancem situações específicas e suficientemente caracterizadas.[99]

Dentro das hipóteses de imunidade previstas na Constituição da República, destaca-se a prevista no art. 155, § 2º, X, "a", relacionada ao ICMS, no que concerne às operações que destinem mercadorias para o exterior e aos serviços prestados a destinatários situados fora do território nacional; alguns estados, além de criar regimes especiais de credenciamento de exportação, sob o argumento de viabilizar um melhor controle e fiscalização, também impõem a condicionante de realização de "contribuição" ao fundo para usufruir o que na verdade sequer se trata de incentivo/benefício fiscal, mas sim de uma garantia constitucional. Neste sentido, é a legislação dos Estados de Mato Grosso, Maranhão, Tocantins e Goiás.

Prosseguindo, com a ***redução da base de cálculo***, que é uma técnica utilizada com objetivo de reduzir o valor do tributo a ser pago, em decorrência da redução do valor da própria base de cálculo. Exemplo: se o valor do ICMS é cobrado sobre o valor da operação de compra, a redução da base de cálculo ensejará a redução do valor da respectiva operação de compra para fins de cálculo deste imposto, que consequentemente resultará num imposto a pagar menor do que o previsto na regra geral.

Alguns estados como Mato Grosso e Maranhão trazem a previsão da redução da base de cálculo do ICMS em suas

---

99. CARVALHO, Paulo de Barros. *Curso de direito tributário*. 31. ed., rev. e atual. São Paulo: Saraiva, 2021, p. 203, grifos do autor.

legislações com objetivo de incentivar a comercialização de determinados produtos, setores ou atividades. Contudo, também impõem condicionante aos contribuintes para usufruir de que "contribua" com os fundos Fethab e FDI, respectivamente.

Outro incentivo fiscal digno de destaque é o ***crédito presumido*** do ICMS que traz a possibilidade de as empresas deduzirem um valor fixo ou percentual do imposto a pagar, com base em critérios estabelecidos pela legislação estadual. Nestes casos, os Estados trazem a finalidade de incentivar determinados setores da economia.

As legislações dos estados do Mato Grosso do Sul e Maranhão acerca da previsão do benefício do *crédito presumido* nas operações tributadas pelo ICMS, mas sob a condição de que sejam recolhidos o Fundersul e FDI, respectivamente.

Na sequência, destaca-se o ***regime especial de recolhimento*** que é concedido pela legislação com objetivo de flexibilizar o cumprimento das obrigações tributárias pelo contribuinte, de acordo com as especificidades de cada atividade e setor, por conseguinte, viabilizando a possibilidade de recolhimento do imposto de forma diferente da que é estabelecida como regra geral, desde que o sujeito passivo atenda determinados requisitos previstos na legislação.

Neste sentido, estados como Mato Grosso e Maranhão trazem em suas respectivas legislações a possibilidade do contribuinte se enquadrar em regime especial de recolhimento do ICMS, mas para que possa de fato usufruir este benefício, o "condiciona" ao recolhimento dos fundos Fethab e FDI, respectivamente.

Em linhas gerais, estes são os incentivos fiscais relativos ao ICMS vigentes a depender da legislação de cada estado, e que estão atrelados à realização do pagamento aos fundos criados sobre as operações do agronegócio.

5. OS FUNDOS ESTADUAIS SOBRE AS OPERAÇÕES DO AGRONEGÓCIO

Feitas as considerações iniciais e gerais, passa-se a dispor sobre as "contribuições" aos fundos incidentes sobre a produção do agronegócio, exigidas no âmbito do Imposto sobre Operações Relativas à Circulação de Mercadorias e sobre Prestação de Serviços de Transporte Interestadual e Intermunicipal e de Comunicação (ICMS), partindo desde a natureza jurídica e classificação da norma; a características da facultatividade e a sanção premial, que deságua na reflexão sobre tratar-se de condicionante aos benefícios relativos ao ICMS e a compulsoriedade. E nesse ínterim, dispor sobre a não cumulatividade do ICMS e eventual perda de sua essência constitucional, em face de possível recolhimento integral do imposto de circulação da mercadoria, como consequência de não se efetuar o recolhimento da contribuição ao fundo estadual do agronegócio.

Dessa feita, continua dispondo sobre cada uma das contribuições aos fundos estaduais, destacando a respectiva regra-matriz de incidência tributária; enfim, chegando-se ao destaque de disposições comuns válidas e inválidas entre elas que deságuam nas discussões judiciais concluídas e em trâmite; até a derradeira e mais recente novidade que é a previsão da possibilidade de instituição de uma nova contribuição sobre os produtos primários e semielaborados, conforme dispõe a Emenda Constitucional nº 132, de 20 de dezembro de 2023.

5.1. Da natureza jurídica e classificação dos fundos instituídos pelos Estados sobre as operações do agronegócio

De início, destacam-se os seguintes posicionamentos: i) não é tributo (contribuinte pode ou não "contribuir" com o fundo, e caso não o faça, não será penalizado); ii) tributo (atende aos requisitos do art. 3º do CTN, em especial à compulsoriedade), e enquadrando-se como tributo, parte-se para a seguinte discussão: a) contribuição; ou b) adicional de ICMS.

Vejamos.

5.1.1 Da natureza não tributária – "contribuição" ao fundo

Os legisladores estaduais, ao instituírem os fundos incidentes sobre as operações do agronegócio, destacam que é uma "contribuição" opcional (não há regra que obrigue) que os contribuintes produtores podem realizar se pretenderem usufruir incentivo fiscal de ICMS; que também não é uma regra obrigatória (produtor pode usufruir ou não o ICMS, uma vez que se optar por não usufruir não será imposta penalidade), e dentro desta linha de raciocínio, ante a ausência de um dos elementos caracterizadores do tributo, qual seja, a compulsoriedade expressa no art. 3º do CTN, não se enquadra no conceito de tributo.

A norma jurídica é construída a partir do texto do direito positivo, e nesse sentido, Clélio Chiesa complementa: "A norma jurídica pode estar fragmentada em mais de um texto de lei, em vários artigos, parágrafos, incisos, alíneas, enfim, diluída nos textos do direito positivo".[100]

A relação jurídica tributária é construída a partir de uma relação entre os sujeitos ativo e passivo, que surge a partir da relação jurídica que decorre do fato jurídico que incidiu sobre uma norma jurídica tributária (lei instituidora do tributo), que enseja para o sujeito passivo o dever de pagar e para o sujeito ativo, o direito de receber, logo, tem-se uma obrigação jurídica tributária (dever de pagar o tributo), sob pena de incorrer em uma consequência, que será a aplicação de uma penalidade em razão do descumprimento. Ou seja, houve a subsunção do fato à norma jurídica tributária.

Partindo desta linha de raciocínio, especificamente sobre os fundos, os entes estaduais insurgem com o argumento de que caso o contribuinte deixe de recolher o fundo, a consequência será ser compelido ao pagamento do ICMS e não do fundo, que nunca poderá ser exigido compulsoriamente, daí tratar-se de uma facultatividade. E nesse sentido, o resultado será o pagamento por um regime mais oneroso do pagamento integral do ICMS, uma vez que perderá a opção pelo incentivo/benefício fiscal, por não ter "contribuído" com o fundo. Portanto, não existe compulsoriedade, logo, não se trata de tributo.

5.1.1.1 A facultatividade atribuída aos Fundos pelo Legislador Estadual

Com efeito, a obrigação de pagar tributo não decorre da vontade do contribuinte, mas sim da lei que institui o tributo, nos termos do art. 150, I, da Constituição da República.[101]

---

100. CHIESA, Clélio. *ICMS:* sistema constitucional tributário: algumas inconstitucionalidades da LC 87/96. São Paulo: LTr, 1997, p. 23.

101. "Art. 150. Sem prejuízo de outras garantias asseguradas ao contribuinte, é vedado à União, aos Estados, ao Distrito Federal e aos Municípios:
I - exigir ou aumentar tributo sem lei que o estabeleça; [...]."

Os fundos estaduais incidentes sobre a produção do agronegócio surgem com a roupagem de "contribuições facultativas" criadas pelos estados-membros. Nesse contexto, os entes estaduais instituem os fundos aduzindo que se trata de uma opção do contribuinte, que caso opte por contribuir terá como consequência usufruir integralmente dos incentivos fiscais relacionados ao ICMS, tais como: diferimento, isenção, regime especial de recolhimento, e até mesmo na "imunidade" nas operações de exportação e equiparadas.

Ao contribuinte, é facultado contribuir com o pagamento do fundo, e nesse sentido que não será aplicada penalidade por não realizar o respectivo recolhimento. E a respeito da forma de recolhimento do ICMS, o contribuinte pode optar pelo pagamento do valor integral ou usufruir o benefício fiscal. Destacando que o recolhimento do ICMS integral não é uma penalidade.

Mas partindo dessa linha de raciocínio, questiona-se: no caso da imunidade nas operações de exportação, previsto no texto constitucional, e inclusive como cláusula pétrea, ao contribuinte é conferida uma escolha da forma de recolhimento ou trata-se de uma garantia constitucional?

Nota-se que desde a instituição do primeiro fundo estadual sobre a produção agropecuária, em 1999 com o Fundersul, até o advento do recente Fundeinfra, em 2022, a base de incidência, os produtos, e as hipóteses de cabimento da opção por contribuir foram ampliadas, mas a essência inicial a respeito do rótulo facultativo permanece para parte dos juristas que tratam do assunto, em especial para as Procuradorias dos respetivos Estados que possuem vigentes estes fundos.

5.1.1.2 A Sanção "premial" como consequência da "contribuição" ao fundo

As sanções são medidas punitivas aplicadas pelo Estado em decorrência do descumprimento de normas, consequência do cometimento de ilícito, mas dado os vários significados que pode apresentar no direito, podem ser classificadas de diversas maneiras, a depender dos critérios adotados.

Hugo de Brito Machado dispõe:

> [...] o que caracteriza a sanção é a presença do ilícito na hipótese de incidência da norma que institui. E a finalidade da sanção é atribuir eficácia à norma jurídica, seja desestimulando a não prestação (sanção castigo), seja utilizando a força para que se efetive a prestação (execução forçada), entretanto essa finalidade não é exclusiva da sanção, pois está presente também – e talvez até mais proveitosamente – no prêmio. [...] alguns juristas respeitáveis afirmam a existência de uma sanção que não teria o ilícito na hipótese de incidência da norma que a institui, vale dizer, a sanção premial.[102]

Prossegue Hugo de Brito Machado após mencionar o entendimento de alguns juristas sobre a possibilidade de existir uma sanção premial, concluindo de forma divergente: "assevera não haver qualquer razão para incluir o prêmio entre as categorias de sanção".[103] Para ele não faz sentido incluir "prêmio" à categoria de sanções.

Nesse contexto, Hugo de Brito Machado Segundo esclarece que

> o prêmio, enfim, é importante para o Direito, e para a eficácia de suas normas, mas não precisa por isso ser confundido com a sanção (com prejuízo para a precisão da linguagem), nem tampouco incluído na estrutura tradicional da norma como um desnecessário agente complicador".[104]

---

102. MACHADO, Hugo de Brito (coord.). *Sanções administrativas tributárias*. São Paulo: Dialética, 2004, p. 161.

103. *Id. O Conceito de tributo no direito brasileiro.* Rio de Janeiro: Forense, 1987, p. 34.

104. *Id.*, *op. cit.*, 2004, p. 198.

Ao tratar de sanção premial, é oportuno destacar o conceito de *sanção* desenvolvido pelo filósofo político Norberto Bobbio:

> Considerando a notável mutação sofrida pela coletividade, Bobbio (1980), avulta uma nova teoria das sanções, mais conveniente à função premial do Direito: a teoria das sanções positivas. A teoria das sanções positivas de Bobbio ocasiona uma modificação na costumeira interpretação estrutural do Direito, necessária para uma interpretação útil do fenômeno normativo. Com efeito, se a teoria tradicional percebe o Direito sob a perspectiva da inserção e sistematização dos preceitos, a teoria funcional visa estudar o Direito a partir de sua inclusão nas sociedades em modificação. Isto é, as sanções premiais representam um novo modelo de controle social presente no estado harmônico.[105]

Prosseguindo, Sacha Calmon Navarro Coelho enfatiza que:

> a norma-que-prevê-sanção é uma norma que precisa ser aplicada. Neste caso, importante mesmo seria a norma de competência autorizando aos agentes estatais a prática de atos sancionantes. Isto porque a norma punitiva é pura norma de previsão. Alguém deve aplicá-la.[106]

E trazer a reflexão sobre a sanção premial decorre do argumento apresentado nos autos da ADI nº 2.056, que discutia a inconstitucionalidade do Fundersul, e que foi invocado como fundamento pelo Ministro Relator, à época, Gilmar Mendes, no sentido de que o fundo não é compulsório, tratando-se em verdade de uma faculdade, que, acaso seja cumprida, gera uma sanção premial, que é poder valer-se do diferimento do ICMS nas operações internas com os produtos do agronegócio, e indo mais além ao atrelar

105. BOBBIO, Norberto. *Las sanciones positivas*. *In:* RUIZ MIGUEL, Alfonso. *Contribución a la teoría del derecho*. Valência: F. Torres, 1980, p. 387

106. COELHO, Sacha Calmon Navarro. *Teoria geral do tributo, da interpretação e da exoneração tributária*. 4. ed. Belo Horizonte: Fórum, 2018, p. 76.

também a imunidade nas operações de exportação, conforme será demonstrado.[107]

Contudo, é inquietante a discussão a respeito da sanção premial por si, e ainda mais no contexto ora apresentado, levando-se ao questionamento: qual é a sanção premial concedida em decorrência do pagamento espontâneo aos fundos?

> A "contrapartida" oferecida pelo Estado é a manutenção de direito que não lhe cabe conceder ou restringir, visto que derivado de norma geral de Direito Tributário, a que a Constituição de forma expressa atribui superior hierarquia (arts. 24, §§ 1º a 4º, e 146, III, "a"), bem como fundado na competência da União para conceder isenção heterônoma (art. 155, § 2º, X, "e"). A coação é evidente, e a facultatividade é nenhuma.[108]

Partindo desta linha de raciocínio, conclui-se que a sanção premial não pode ser considerada essencial à norma jurídica, não fazendo sentido associar o adjetivo prêmio à sanção que eminentemente possui um caráter punitivo, pois isso levaria a uma conclusão que não foi autorizada pela premissa invocada, que é no sentido de que a sanção é eminentemente punitiva, logo, o prêmio não deve compor a estrutura da norma jurídica como uma espécie de sanção.

---

107. "Nesse sentido, não há como atribuir natureza jurídica tributária à contribuição criada pela lei estadual. Destarte, está ela destituída do elemento essencial da compulsoriedade. Trata-se de uma obrigação facultativa, que, acaso seja cumprida, gera uma sanção premial, qual seja, o benefício do diferimento do ICMS nas operações internas com produtos agropecuários" (FONTELES, Claudio. *Parecer da Procuradoria Geral da República no processo de Ação Direta de Inconstitucionalidade nº 2.056-1/600/MS*. Brasília: PGR, 23 abr. 2004, p. 4. Relator: Ministro Gilmar Mendes. Julgamento: 02 dez. 1999. Órgão Julgador: Tribunal Pleno. Publicação: DJe, 14 dez. 1999 *apud* Brasil. Supremo Tribunal Federal. *Agravo de Instrumento nº 859.321/RJ*. Relator: Ministro Dias Toffoli. Julgamento: 29 nov. 2013. Órgão Julgador: Decisão monocrática. Publicação: DJe, 04 dez. 2013).

108. SANTIAGO, Igor Mauler *et al*. *Petição Inicial pedindo ingresso como amicus curie na ADI nº 6314, na qual a Sociedade Rural Brasileira (SRB) se insurgiu contra a Lei Estadual nº 7.263/2000 (e alterações posteriores), do Estado de Mato Grosso, que institui o Fundo de Transporte e Habitação (FETHAB), pugnando pela declaração de inconstitucionalidade do normativo, com tutela de urgência*. Brasília, 12 fev. 2020, p. 04.

Demais disso, refletindo especificamente no caso dos fundos, em especial a imunidade na operação de exportação, prevista na Constituição da República de forma incondicionada, que posteriormente acaba sendo restringida por norma estadual de hierarquia inferir, não é possível entender na estrutura da norma como uma possibilidade da sanção premial.

5.1.2 Da natureza tributária, conforme art. 3º do Código Tributário Nacional

Desde a concepção do primeiro fundo estadual destinado a financiar investimentos em infraestrutura de transporte e habitação, por meio de "contribuições" incidentes sobre a produção agropecuária, industrial ou extrativa, vislumbra-se também debates acalorados sobre sua natureza jurídica, especialmente no que tange à sua classificação como tributo.

Robson Maia Lins ao tratar sobre a definição do conceito de tributo dispõe que:

> Embora os fundamentos para a instituição de tributos provenham da Constituição da República, a definição normativa está inscrita no art. 3º do CTN, [...]. Como se percebe, o enunciado deixa claro que, para fins de caracterização de determinada exação como tributo, é indispensável a característica da compulsoriedade e que esteja previsto em lei, o que, aliás, decorre do princípio da legalidade. Da mesma forma, prescreve que tributo é somente a obrigação pecuniária que decorre de ato lícito, afastando, assim, a inclusão de penalidades no referido conceito.[109]

Partindo desta linha de raciocínio, passando à análise dos requisitos do art. 3º do CTN, vislumbra-se o caráter pecuniário, a compulsoriedade, natureza não sancionatória de ilicitude, origem legal de tributo (instituída em lei) e

---

109. LINS, Robson Maia. *Curso de direito tributário brasileiro*. 2. ed., rev. e atual. São Paulo: Noeses, 2022, p. 419.

natureza vinculada, dos fundos estaduais incidentes sobre as operações agrícolas e agropecuárias.

Veja-se: i) tem evidente caráter pecuniário, uma vez que deve ser pago em espécie; ii) a compulsoriedade decorrente da condição expressa no sentido de que para usufruir benefício fiscal, incentivo fiscal, valer-se do diferimento, e até mesmo da imunidade nas operações de exportação, se faz necessário realizar a "contribuição" ao fundo, não restando alternativa ao contribuinte que optar por não efetuar o recolhimento senão a consequência de ter que pagar o ICMS de forma antecipada, sob pena de aplicação das penalidades pelo não pagamento, conforme ressai de algumas legislações (como estado de Mato Grosso e Maranhão). Assim, as consequências de deixar de contribuir com o fundo resultam no comprometimento da livre-concorrência em relação aos demais produtores; iii) prosseguindo, a imposição de realizar o pagamento da "contribuição" ao fundo também não é penalidade decorrente de ilícito; iv) devidamente instituído por lei pelos entes estaduais dos estados de MS, MT, MA, TO e GO; v) e tendo em vista que o produto de sua arrecadação é destinado ao menos inicialmente para a infraestrutura e habitação, resta caracterizada a sua natureza vinculada. Portanto, preenchidos os requisitos que ensejam a caracterização de tributo.

Mas, dentre todos os requisitos legais, merece ênfase a "compulsoriedade" que enseja o dever de pagar o tributo, independentemente da vontade do contribuinte (sujeito passivo da obrigação).

A jurisprudência tem se debruçado sobre esse requisito, buscando delinear o que efetivamente caracteriza a compulsoriedade para a configuração de um tributo. Em diversas decisões, os tribunais têm reforçado a ideia de que a compulsoriedade está ligada à obrigação imposta por lei, de modo que o não pagamento acarreta consequências legais, como a aplicação de penalidades, juros, multas ou outras sanções.

Mas a jurisprudência também tem considerado que a compulsoriedade não implica, necessariamente, ausência de contraprestação direta ao contribuinte. Explica-se: mesmo que haja uma contrapartida em serviços ou benefícios ao contribuinte, desde que o pagamento seja compulsório, isso não descaracteriza a natureza tributária.

Nota-se que essa análise da compulsoriedade tem sido crucial para diferenciar tributos de outras espécies de pagamentos ou contribuições que podem ter uma natureza diversa, como taxas, contribuições de melhoria ou mesmo pagamentos voluntários.

Oportuno ainda destacar que a compulsoriedade não é analisada de forma isolada pela jurisprudência, nota-se que é interpretada em conjunto com os outros requisitos previstos na lei para definir se determinado encargo financeiro se enquadra ou não na categoria de tributo, conforme definido pelo art. 3º do Código Tributário Nacional.

Nessa linha de raciocínio, destaca-se trecho do voto do relator Ministro Ricardo Lewandowski nos autos do RE 541.511/RS:

> Bem analisada a questão, constato que tais encargos carecem do requisito "compulsoriedade", elemento sem o qual não há falar em tributo, embora estejam presentes, na conformação deles, as demais notas que integram a definição legal acima transcrita, [...].[110]

Portanto, o julgado mencionado serve como exemplo de um dos casos submetidos a julgamento e que a discussão gira em torno do conceito de tributo, deixando claro que a compulsoriedade e os demais requisitos do art. 3º do CTN são verificados de forma conjunta.

---

110. BRASIL. Supremo Tribunal Federal. *Recurso Extraordinário nº 541.511/RS*. Relator: Ministro Ricardo Lewandowski. Julgamento: 22 abril 2009. Órgão Julgador: Tribunal Pleno. Publicação: DJe, 26 jun. 2009.

Em especial com relação aos fundos incidentes sobre as operações agrícolas e agropecuárias, vislumbra-se que das leis estaduais surge o vínculo entre o sujeito ativo (estado) e o sujeito passivo (contribuinte produtor), decorrente de uma obrigação estatuída em lei (subsunção do fato jurídico tributário a norma instituidora do tributo), ensejando o dever de realizar o pagamento do fundo, sob pena de resultar na obrigação de pagar o ICMS integral e de forma antecipada, que não sendo realizado resulta no impedimento de usufruir o incentivo fiscal estadual relativo ao ICMS. Assim, nítido o caráter compulsório que decorre da condicionante imposta por algumas legislações estaduais para se valer de um direito, como a imunidade nas operações de exportação, na forma prevista no texto constitucional.

Portanto, atendidas as características previstas no citado art. 3º do CTN, das quais se destacam a compulsoriedade, a prestação pecuniária, e ser ato lícito, caracteriza-se como tributo, independente da denominação que o legislador confira à prestação pecuniária.

E prosseguindo passa-se à análise sobre qual espécie tributária se enquadram os fundos, pairando a discussão em torno da contribuição, nos termos previstos da Constituição da República ou como adicional do imposto do ICMS.

5.1.2.1 Da espécie tributária: Contribuição ou Imposto

Considerando que tributo é gênero, do qual ressaem as espécies tributárias: imposto, taxa e contribuição de melhoria, conforme dispõe o art. 145 da Constituição da República,[111] e partindo da premissa estabelecida de que os

111. "Art. 145. A União, os Estados, o Distrito Federal e os Municípios **poderão instituir os seguintes tributos**:
I - impostos;
II - **taxas**, em razão do exercício do poder de polícia ou pela utilização, efetiva ou potencial, de serviços públicos específicos e divisíveis, prestados ao contribuinte ou postos a sua disposição;
III - **contribuição de melhoria**, decorrente de obras públicas" (grifos nossos).

fundos são tributos, passa-se a analisar dentro de qual classificação das espécies tributárias os fundos se enquadram.

Valendo-se do enunciado do texto constitucional, que é a regra fundante de todo o sistema do direito positivo, e apesar da doutrina abordar sobre diversos tipos de classificações, na presente obra, será analisada a regra-matriz de incidência tributária, em especial o binômio "hipótese de incidência e base de cálculo", bem como a proposta de classificação bipartida adotada por Paulo de Barros Carvalho, em tributos vinculados e não vinculados.[112]

Paulo de Barros Carvalho, a respeito do tributo, chama atenção nos seguintes termos:

> Em face do exposto, tenhamos presente que qualquer prestação que tiver ínsitas as características supramencionadas será tributo, **independentemente do nome que se lhe atribuam ou da destinação que seja dada aos recursos decorrentes de sua cobrança, como informa o artigo 4º, incisos I e II, da Lei n. 5.172/66.**[113] Importante considerar, também, que tais características devem estar associadas, não sendo o bastante para configurar determinada prestação como tributo a circunstância de somente uma, ou algumas delas, marcarem presença.[114]

E continua, ao comentar o art. 4º, aduzindo que,

> Por certo, tomada a sentença (CTN, art. 4º) como verdadeira, não encontraríamos método para diferenciar impostos de impostos e desses as taxas, entregando-nos, imbeles, aos desacertos assíduos do político. **São bem comuns e muito conhecidas, entre nós, figuras de tributos cujos nomes sugerem realidades completamente distintas, mas que o legislador utiliza para burlar**

112. CARVALHO, Paulo de Barros. *Direito tributário:* linguagem e método. São Paulo: Noeses, 2008, p. 381.

113. "Art. 4º A natureza jurídica específica do tributo é determinada pelo fato gerador da respectiva obrigação, sendo irrelevantes para qualificá-la:
I - a denominação e demais características formais adotadas pela lei;
II - a destinação legal do produto da sua arrecadação."

114. CARVALHO, Paulo de Barros, *op. cit.*, p. 375.

> **a rígida discriminação de competências impositivas**. Estão aí, para dizê-lo, a taxa de melhoramento dos portos, o salário-educação, os depósitos, os empréstimos compulsórios e uma sorte imensa de outras denominações, seguidamente empregadas para introduzir espécies de impostos em nosso ordenamento jurídico, sem a devida autorização constitucional.[115]

Como bem observa Paulo de Barros Carvalho, é comum tributos receberem rótulos que não condizem com os requisitos legais e que também acabam por violar as regras de competência. E exatamente neste contexto que se propõe a análise dos fundos estaduais instituídos sob o rótulo de "contribuições", a fim de investigar se de fato se coadunam com o tipo tributário conferido.

No sistema do direito positivo, o **tipo tributário** está diretamente relacionado à hipótese de incidência e à base de cálculo, sendo a partir do reconhecimento deste binômio que será possível identificar a natureza do tributo, sendo irrelevante para caracterizar a natureza jurídica do tributo, o destino que se dê ao respectivo produto de arrecadação (inciso II, do art. 4º, CTN)[116]

A fim de tornar a compreensão mais didática, sendo identificada a hipótese de incidência e a base de cálculo, e mantendo a coerência com o disposto no texto constitucional, propõe-se a análise em conjunto com a classificação dos tributos em *vinculados* a uma atuação estatal (taxas e contribuições de melhoria) e *não vinculados* (impostos).

Logo, nos **tributos vinculados**, se destaca uma atuação estatal direta ou indiretamente relacionada ao contribuinte, e a base de cálculo estará contemplando o custo da atuação

---

115. CARVALHO, Paulo de Barros. *Curso de direito tributário*. 31. ed., rev. e atual. São Paulo: Saraiva, 2021, p. 31-32, grifos nossos.

116. "Art. 4º. A natureza jurídica específica do tributo é determinada pelo fato gerador da respectiva obrigação, sendo irrelevantes para qualificá-la:
[...]
II - a destinação legal do produto da sua arrecadação."

do estado, enquanto os **tributos não vinculados** não estão ligados a uma atuação estatal, e no antecedente normativo, constam expressos os aspectos inerentes à operação desenvolvida pelo contribuinte. Portanto, **os impostos não são vinculados**, já a taxa é vinculada e a **contribuição de melhoria indiretamente vinculada**, veja-se: a valorização do imóvel em razão da construção de uma grande obra pública, que ensejará consequência direta na base de cálculo.[117]

Estabelecidas as premissas gerais, e diante da natureza tributária atribuída aos fundos que foram instituídos pelos respectivos estados sob o rótulo de "contribuição" a ser realizada pelo contribuinte para usufruir os incentivos/benefícios fiscais de ICMS, passa-se a seguinte análise:

Primeiro ponto de atenção refere-se ao rótulo de "contribuição" conferido aos fundos pelos entes estaduais, uma vez que embora o legislador estadual tenha instituído com o título de contribuição, talvez o fez sem a intenção de enquadrar na espécie tributária "contribuição", na forma prevista no texto constitucional, mas sim valendo-se do sentido literal da palavra "contribuição", que, de acordo com o dicionário Houaiss, quer dizer "1. parte que cabe a cada um em despesa ou encargo comum; quinhão; [...]".[118] E sendo esta última opção válida sobre a intenção do legislador estadual, presume-se que os estados utilizam a expressão contribuição no **sentido de ser uma opção conferida ao contribuinte produtor de "contribuir ou colaborar" com o pagamento do fundo** e não uma obrigação da qual decorre um vínculo obrigacional tributário entre Estado e contribuinte.

---

117. "Uns tributos possuem fatos geradores que são atuações do Estado (tributos vinculados a atuações estatais). A base de cálculo expressa essa atuação estatal. Outros tributos possuem fatos geradores que são manifestações do contribuinte (ter renda, ter gastos, ter propriedades, ter investimentos etc.)" (COELHO, Sacha Calmon Navarro. *Teoria geral do tributo, da interpretação e da exoneração tributária*. 4. ed. Belo Horizonte: Fórum, 2018, p. 136).

118. HOUAISS, Antônio. *Dicionário Houaiss da Língua Portuguesa*. São Paulo: Moderna, 2015, s.v. *contribuição*.

Nesse contexto, não haveria que se falar em "contribuição" como espécie tributária prevista na Constituição, uma vez que **esta é expressa ao prever que somente a União tem poderes para instituir contribuições** para atuação estatal no âmbito social ou de intervenção econômica ou, ainda, de regulação de categorias econômicas e profissionais.[119]

Sacha Calmon Navarro Coelho ao discorrer sobre as contribuições dispõe que

> [...] a finalidade nas contribuições, por si só, não as autonomiza como espécie tributária. Para que haja uma contribuição especial verdadeira, como subespécie, diversa da contribuição de melhoria, outra subespécie, é necessário que a atuação estatal eleita como fato gerador seja um atuar mediato ou imediato do Poder Público, específico e relativo à pessoa do contribuinte. [...]

E continua enfatizando que

> Nem o legislador, nem o administrador podem destinar ou tredestinar o produto da arrecadação das contribuições, sob pena de crime de responsabilidade e nulidade do ato administrativo, ainda que normativo, no caso do Executivo. No caso do Legislativo, a lei será considerada inconstitucional, por ser contrária à Constituição. O constituinte sempre soube que as contribuições tinham natureza de imposto.[120]

Partindo desta linha de raciocínio, vislumbra-se que os fundos se enquadram como tributo, mas apesar do rótulo de "contribuição", não se trata da espécie tributária "contribuição" na forma prevista na Constituição.

---

119. "Art. 149. Compete exclusivamente à União instituir contribuições sociais, de intervenção no domínio econômico e de interesse das categorias profissionais ou econômicas, como instrumento de sua atuação nas respectivas áreas, observado o disposto nos arts. 146, III, e 150, I e III, e sem prejuízo do previsto no art. 195, § 6º, relativamente às contribuições a que alude o dispositivo."

120. COELHO, Sacha Calmon Navarro. *Teoria geral do tributo, da interpretação e da exoneração tributária*. 4. ed. Belo Horizonte: Fórum, 2018, p. 133.

A fim de continuar a investigação sobre qual espécie tributária se amoldam os fundos, passa-se à análise da espécie impostos. Assim, de início, destaca-se que estes fundos estaduais preveem "a *vinculação do destino do produto da arrecadação*" à infraestrutura, habitação, prestação de apoio a famílias carentes, dentre outros.

Nesse passo, relembrando que a *destinação legal* do produto de arrecadação (inciso II do art. 4 º), refere-se a produtos com *receitas vinculadas e não vinculadas*, não devendo ser confundindo com a *vinculação do destino do produto da arrecadação*. Para tornar mais claro, em síntese "nos primeiros, o produto da arrecadação está atrelado, vinculado a determinada finalidade; nos segundos, não".[121]

Em relação aos fundos, vislumbra-se que a previsão nas legislações estaduais de destinação dos recursos pode induzir ao erro de se tratar a *vinculação do destino do produto da arrecadação* a classificação de tributos vinculados, e com isso chegar à equivocada conclusão de que se enquadra como contribuição de melhoria. Portanto, partindo das premissas eleitas neste tópico, não há que se falar em imposto e também não se amolda a "contribuição". Mas também não pode deixar de ser averiguada a espécie tributária sob a qual se enquadra, sob pena de não se ter clareza e segurança sobre as regras tributárias que estão sendo aplicadas, surgindo com isso a sugestão de análise sobre eventual classificação *sui genere* de "adicional de ICMS.

5.1.2.2 Criação de um novo tipo tributário: adicional de ICMS

Como já mencionado, os fundos buscam fontes complementares de recursos por meio de arrecadação de uma

121. DUARTE, Francisco Leite. *Direito Tributário*. 4. ed., rev., atual. e ampl. São Paulo: Revista dos Tribunais. 2022. Disponível em: https://proview.thomsonreuters.com/launchapp/title/rt/monografias/ 99937146/v4/page/RB-3. Acesso em: 12 ago. 2023.

"contribuição" do sujeito passivo, para financiar o planejamento, execução, acompanhamento dos serviços de transporte, habitação, dentre outros.

Neste sentido, é oportuno destacar que o texto constitucional veda expressamente a vinculação da receita de impostos a órgão, fundo ou despesa, conforme dispõe o enunciado do art. 167, IV, da Constituição da República.[122]

Em verdade, criou-se um fundo sob o argumento de que seu recolhimento é facultativo, mas na prática é uma imposição de condição para que o contribuinte possa usufruir do diferimento, incentivos e benefícios relacionados ao ICMS, bem como para credenciamento de regimes especiais de recolhimento, inclusive a imunidade nas operações de exportação e equiparadas.

Nas operações de comercialização da produção agropecuária interna, interestadual e até mesmo de exportação, possuem suas respectivas regras de incentivo relativas ao ICMS, mas que são condicionadas pelas legislações de alguns estados à realização da "contribuição" aos fundos, sob pena de ensejar a antecipação do pagamento do ICMS integral. Ao que parece, no caso, ocorre uma substituição do ICMS pelo fundo nestas operações.

Partindo desta linha de raciocínio, considerando que a regra-matriz de incidência tributária é utilizada para estudar detalhadamente o conteúdo normativo. Conforme relata Aurora Tomazini citando

122. "Art. 167. São vedados: [...]
IV - a vinculação de receita de impostos a órgão, fundo ou despesa, ressalvadas a repartição do produto da arrecadação dos impostos a que se referem os arts. 158 e 159, a destinação de recursos para as ações e serviços públicos de saúde, para manutenção e desenvolvimento do ensino e para realização de atividades da administração tributária, como determinado, respectivamente, pelos arts. 198, § 2º, 212 e 37, XXII, e a prestação de garantias às operações de crédito por antecipação de receita, previstas no art. 165, § 8º, bem como o disposto no § 4º deste artigo; [...]."

> Paulo de Barros Carvalho, inspirado nas lições de Alfredo Augusto Becker e Geraldo Ataliba, ao observar as propriedades eleitas pelo legislador para delimitação de hipóteses e consequentes das regras instituidoras de tributos, percebeu a repetição de alguns componentes e assim representou **a *regra-matriz de incidência tributária*, estabelecendo um esquema lógico-semântico, revelador do conteúdo normativo, que pode ser utilizado na construção de qualquer norma jurídica** (em sentido estrito).[123]

Assim, propõe-se a análise comparada da regra-matriz de incidência tributária dos fundos de cada estado e do ICMS, os quais serão dispostos a seguir.

- Regra-matriz de incidência tributária do Fundersul, estado do Mato Grosso do Sul e a regra-matriz de incidência do ICMS.

Critério	ICMS	FUNDERSUL
Material	Promover a circulação de mercadoria	Promover a circulação de mercadoria
Espacial	No estado de Mato Grosso do Sul	No estado de Mato Grosso do Sul
Temporal	A cada operação	A cada operação
Pessoal	**Sujeito Ativo:** Estado de Mato Grosso do Sul **Sujeito Passivo:** Contribuinte (produtor) que realizou a operação de circulação de mercadoria	**Sujeito Ativo:** Estado de Mato Grosso do Sul **Sujeito Passivo:** Contribuinte (produtor) que realizou a operação de circulação de mercadoria
Quantitativo	**Base de Cálculo**: valor da mercadoria comercializada **Alíquota:** % (conforme alíquota nacional)	**Base de Cálculo**: tonelada de grãos, por cabeça de gado ou por metro cúbico de madeira **Alíquota:** % sobre a UFERMS (unidade de referência fiscal do estado de Mato Grosso do Sul)

123. CARVALHO, Aurora Tomazini de. *Curso de teoria geral do direito*: o constructivismo lógico-semântico. 6. ed. rev. e atual. São Paulo: Noeses, 2019, p. 389, 390.

Do comparativo acima, fica evidente a semelhança das duas regras-matrizes de incidência, e que de fato o Fundersul também se trata de uma tentativa de **um "adicional de ICMS" com o título de contribuição (tributo)**.

- Regra-matriz de incidência tributária do Fethab, do estado de Mato Grosso e a regra-matriz de incidência tributária do ICMS

Destaca-se a tabela comparativa elaborada por Heleno Torres, no parecer jurídico que emitiu para a Sociedade Rural Brasileira (SRB), que compõe o acervo dos anexos da ADIN 6314-STF.

Critério	ICMS	FETHAB
Material	Promover a circulação de mercadoria	Promover a circulação de mercadoria
Espacial	No Estado ou destinada à exportação ou aos demais Estados/DF	No Estado ou destinada à exportação ou aos demais Estados/DF
Temporal	A cada operação	A cada operação
Pessoal	**Sujeito Ativo:** Estado **Sujeito Passivo:** Contribuinte (produtor) ou substituto do ICMS	**Sujeito Ativo:** Estado **Sujeito Passivo:** Contribuinte (produtor) ou substituto do ICMS
Quantitativo	**Base de Cálculo**: o valor da operação **Alíquota:** Segundo a operação	Regime de Multiplicadores do valor fiscal de referência

> Tem-se, na prática, um sistema que permite "substituir" o ICMS cuja receita destina-se ao orçamento geral, por uma contribuição ao FETHAB e demais fundos, unicamente para obter três propósitos de manejo do patrimônio público: 1) tredestinação das receitas orçamentarias para finalidades ditadas pelos interesses eleitoreiros do governante; 2) redução dos controles orçamentários impostos pela Lei de Responsabilidade Fiscal - LRF; e 3) antecipação da arrecadação (no caso do diferimento) ou redução dos efeitos das normas isentivas, de regimes especiais ou de imunidade as exportações, com aumento artificial da arrecadação do ICMS a título de FETHAB. **Não há dúvida alguma de que a**

> **contribuição ao FETHAB, e de resto todos os demais fundos, assume o lugar do ICMS**, pelo expediente canhestro da voluntariedade, porquanto, o uso do ICMS traria o ônus de carregar consigo todas as vedações do regime constitucional tributário. **Nesta substituição de nomes, o FETHAB vê-se travestido de obrigação contratual, quando nada mais é do que um verdadeiro tributo, na forma de adicional de ICMS.**[124]

Por fim, Heleno Torres conclui que "o Fethab é um **adicional de ICMS**", tendo em vista que os critérios de ambos ICMS e Fethab são os mesmos.

- Regra-matriz de incidência tributária do FDI, do estado de Maranhão e regra-matriz de incidência do ICMS.

Critério	ICMS	FDI
Material	Promover a circulação de mercadorias, no mercado interno ou interestadual, com produtos do agronegócio, como soja, milho, milheto e sorgo	Promover a circulação de mercadorias, no mercado interno, interestadual ou para o exterior, com produtos do agronegócio, como soja, milho, milheto e sorgo
Espacial	No estado do Maranhão	No estado do Maranhão
Temporal	A cada operação	A cada operação
Pessoal	**Sujeito Ativo:** Estado do Maranhão **Sujeito Passivo:** Contribuinte que realizou a venda dos produtos (soja, milho, milheto e sorgo)	**Sujeito Ativo:** Estado do Maranhão **Sujeito Passivo:** Contribuinte que realizou a compra dos produtos (soja, milho, milheto e sorgo)
Quantitativo	**Base de Cálculo**: valor da mercadoria comercializada **Alíquota:** X% (definido conforme as alíquotas nacionais)	**Base de Cálculo**: valor da mercadoria comercializada **Alíquota:** 1,8%

124. TORRES, Heleno Taveira. *Parecer jurídico sobre inconstitucionalidades do Fundo Especial de Transporte e Habitação ("FETHAB"), previsto na Lei do Estado de Mato Grosso nº 7.263 de 27/03/2000 ("Lei nº 7.263/2000") e suas alterações posteriores.* São Paulo, 11 dez. 2019, p. 19.

Nota-se que os fatos geradores e a base de cálculo são os mesmos, diferindo apenas em relação ao sujeito passivo que no caso do FDI é o adquirente, e não o remetente dos produtos agropecuários arrolados na lei estadual do FDI. Portanto, o FDI pretende ser um **adicional do imposto do ICMS**.

- Regra-matriz de incidência tributária do FET, estado de Tocantins e regra- matriz de incidência do ICMS

Critério	ICMS	FET
Material	Promover a circulação de mercadorias, no mercado interno ou interestadual, com produtos de origem vegetal, mineral ou animal.	Promover a circulação de mercadorias, no mercado interno, interestadual ou para o exterior, com produtos de origem vegetal, mineral ou animal.
Espacial	No estado de Tocantins	No estado de Tocantins
Temporal	A cada operação	A cada operação
Pessoal	**Sujeito Ativo:** Estado de Tocantins **Sujeito Passivo:** Contribuinte que realizou a venda de produtos de origem vegetal, mineral ou animal.	**Sujeito Ativo:** Estado de Tocantins **Sujeito Passivo:** Contribuinte que realizou a venda de produtos de origem vegetal, mineral ou animal.
Quantitativo	**Base de Cálculo**: valor da mercadoria comercializada **Alíquota:** X% (definido conforme as alíquotas nacionais)	**Base de Cálculo**: valor da mercadoria comercializada **Alíquota:** 0,2%

- Regra-matriz de incidência tributária do Fundeinfra, estado de Goiás e regra-matriz de incidência do ICMS

Critério	ICMS	FUNDEINFRA
Material	Promover a circulação de mercadorias, no mercado interno ou interestadual, com produtos de origem vegetal, mineral ou animal.	Promover a circulação de mercadorias, no mercado interno, interestadual ou para o exterior, com produtos de origem vegetal, mineral ou animal.
Espacial	No estado de Goiás	No estado de Goiás
Temporal	A cada operação	A cada operação
Pessoal	**Sujeito Ativo:** Estado de Goiás **Sujeito Passivo:** Contribuinte que realizou a venda de produtos de origem vegetal, mineral ou animal.	**Sujeito Ativo:** Estado de Goiás **Sujeito Passivo:** Contribuinte que realizou a venda de produtos de origem vegetal, mineral ou animal.
Quantitativo	**Base de Cálculo**: valor da mercadoria comercializada **Alíquota:** X% (definido conforme as alíquotas nacionais)	**Base de Cálculo**: valor da mercadoria comercializada **Alíquota:** 1,65%

Nota-se que, da análise comparativa da regra de incidência tributária do ICMS com a do FET (TO) e Fundeinfra (GO) também se vislumbra um "**adicional de ICMS**", tendo em vista que os critérios de ambos, ICMS e dos fundos são os mesmos.

Nesse sentido, a respeito da possível discussão sobre se tratar de um "adicional de imposto", oportuno trazer à baila um excerto do relatório do acórdão proferido nos autos do RE 138284-8 do Ceará, no qual o Relator do caso o Ministro Carlos Veloso, cita no voto condutor Hugo Machado no julgamento do Recurso de Apelação da Fazenda Nacional, pela Primeira Turma do Tribunal Regional Federal da 5ª Região, do qual destaca-se a seguinte passagem:

> O eminente Juiz Hugo Machado, no voto condutor do aresto, considerou inconstitucional a cobrança da contribuição social em questão, pelos seguintes fundamentos[...] (m) **mesmo que se considere razoável sustentar que a contribuição em causa é um adicional do imposto de renda das pessoas jurídicas, "não se deve utilizar tal possibilidade para validar sua cobrança", porque "seria inverter a finalidade da regra contida no *art. 4º do Código Tributário Nacional, que se destina a proteger o contribuinte contra a indevida atribuição de denominações inadequadas como forma de burlar vedações constitucionais*"**. E, ainda, porque "seria a negação do conteúdo ético do Direito, desde que se estaria, assim, viabilizando o artifício utilizado pela União, em detrimento dos Estados e Municípios". Em terceiro lugar, finalmente, "porque tal implicaria grave lesão ao princípio federativo".[125]

Vislumbra-se que o trecho da fundamentação destacada serve para fins de reflexão a respeito dos fundos estaduais sobre as operações do agronegócio; nesse contexto, oportuno relembrar o disposto no item 2.1 da presente obra, que trata sobre a competência.

Portanto, diante da nítida semelhança da regra-matriz dos fundos com a regra-matriz de incidência do ICMS, sendo distintas apenas na base de apuração, conclui-se que os fundos instituídos sob a roupagem de "contribuição" é uma estratégia para impor, na verdade, a cobrança de um tributo que possui regra-matriz com praticamente os mesmos critérios do ICMS, como forma de imputar o pagamento de um adicional de ICMS ou um ICMS camuflado.

5.2 Natureza jurídica de tributo e a compulsoriedade

Em regra, as obrigações tributárias decorrem da lei instituidora do tributo que faz surgir o direito de o Estado exigir o tributo de forma compulsória do contribuinte.

---

125. BRASIL. Supremo Tribunal Federal. *Recurso Extraordinário nº 138.284-8/CE*. Relator: Ministro Carlos Velloso. Julgamento: 01 jul. 1992. Órgão Julgador: Tribunal Pleno. Publicação: 03 ago. 1992, p. 443.

Assim, a lei instituidora do tributo é requisito de validade, e a compulsoriedade requisito de existência do tributo.

De outra banda, dispondo de forma diferente que os Estados, há os que defendem o caráter compulsório das contribuições aos fundos estaduais sobre as operações do agronegócio, que leva ao enquadramento da definição de tributo, nos moldes do art. 3º do Código Tributário Nacional, uma vez que o contribuinte não pode dispor de escolha para usufruir os incentivos fiscais relacionados ao ICMS, uma vez que lhe é imposta a condição de recolhimento do fundo, e em algumas legislações, como a do Fethab do estado de Mato Grosso, é aplicada penalidade, tornando-se ainda mais evidente o direito de exigibilidade da obrigação tributária pelo ente estadual.[126] Por fim, os estados de Mato Grosso, Maranhão e Goiás impõem a condicionante até mesmo para a imunidade nas operações de exportação.

Rememora-se que "tributo é toda prestação pecuniária *compulsória*, em moeda ou cujo valor nela se possa exprimir, que não constitua sanção de ato ilícito, instituída em lei e cobrada mediante atividade administrativa plenamente vinculada" (art. 3º).

E nesse sentido, nota-se que os fundos: São: (1) criados por ato legal; (2) possuem de um lado, o Estado e do outro, o contribuinte; (3) caracteriza-se como prestação pecuniária não tendo caráter sancionatório, uma vez que não deriva de uma infração; e (4) possui regramento jurídico próprio, que é a imposição da regra condicionante a tributação

126. "Art. 10 Aplicam-se ao contribuinte ou seu substituto, que deixar de efetuar a retenção e/ou recolhimento da contribuição devida ao FETHAB, em decorrência das operações próprias ou por substituição, as penalidades previstas por igual infração relativamente ao ICMS, conforme art. 47-E da Lei nº 7.098, de 30 de dezembro de 1998" (MATO GROSSO. Assembleia Legislativa. Lei nº 7.263, de 27 de março de 2000. Cria o Fundo de Transporte e Habitação-FETHAB, estabelece condições para o diferimento do ICMS em operações internas com os produtos agropecuários que elenca, fixa obrigações para os contribuintes substitutos nas operações com combustíveis e dá outras providências. *Diário Oficial*, Cuiabá, 29 mar. 2000).

diferenciada prevista pelos respectivos estados para fins de recolhimento do ICMS. Logo, atendidos todos os requisitos legais, dentre os quais se destaca a compulsoriedade, portanto, configurando-se como tributo.

Dentro desta linha de raciocínio, os fundos em verdade se amoldam ao conceito de tributo por preencher os requisitos previstos no art. 3º do CTN, diante da presença da compulsoriedade.

Nesse sentido, Paulo de Barros Carvalho leciona que

> [...] **o comportamento obrigatório de uma prestação em dinheiro**, afastando-se, de plano, qualquer cogitação inerente às prestações voluntárias (que recebe o influxo de outro modal – o 'permitido'), por conseguinte, "deve efetivá-lo, ainda que contra seu interesse", uma vez que, "**concretizando o fato previsto na norma jurídica, nasce, automática e infalivelmente, o elo mediante o qual alguém ficará adstrito ao comportamento obrigatório de uma prestação pecuniária**".[127]

Em diversas ocasiões, a aparente voluntariedade, faculdade ou opção detida pelo contribuinte, em verdade, não retira, dentro do contexto normativo, a noção de compulsoriedade.

Leandro Paulsen esclarece:

> Em regra, as obrigações tributárias são *ex lege*, mas, excepcionalmente, podem depender da manifestação de vontade do contribuinte. A participação da vontade do contribuinte pode ocorrer não só no lançamento tributário, senão, também na própria formação da relação tributária, como se dá, por exemplo, no campo dos benefícios fiscais.[128]

---

127. CARVALHO, Paulo de Barros. *Curso de Direito Tributário*. 31. ed., rev. e atual. São Paulo: Saraiva, 2021, p. 28, grifos nossos.

128. PAULSEN, Leandro. *Constituição e Código Tributário Comentados:* à luz da doutrina e da jurisprudência. 19. ed. São Paulo: SaraivaJur, 2023, p. 712.

As legislações estaduais instituidoras dos fundos sobre o agronegócio condicionam os benefícios fiscais, diferimento, incentivos fiscais à formalização do termo de opção e consequente pagamento dos fundos. E caso não seja formalizada a adesão e o respectivo recolhimento ao fundo, o contribuinte abre mão do benefício fiscal, incentivo, diferimento, e até mesmo a imunidade nas operações de exportação,[129] ensejando o dever de recolher o valor integral e de forma antecipada do ICMS da respectiva operação, descumprindo a regra da não cumulatividade, prevista no texto constitucional.[130]

Portanto, presentes os requisitos expressos no art. 3º do CTN, conclui-se tratar-se de tributo, e o fato de os fundos e do ICMS possuírem a mesma base de cálculo e fato gerador, os estados acabam criando uma nova espécie de tributo, tratando-se de um verdadeiro adicional do ICMS ou ICMS de forma camuflada em operações que não teriam a incidência desse imposto.

5.2.1 ICMS e não cumulatividade

A Constituição da República confere aos Estados e ao Distrito Federal, em seu art. 155, II, a competência para instituir o imposto sobre operações relativas à circulação de mercadorias e sobre prestações de serviços de transporte

129. O preceito de imunidade exerce a função de colaborar, de forma especial, no desenho das competências impositivas. São normas constitucionais. Não cuidam da problemática da incidência, atuando em instante que antecede, na lógica do sistema, o momento da percussão tributária. Já a isenção se dá no plano da legislação ordinária. Sua dinâmica pressupõe um encontro normativo, em que ela, regra de isenção, opera como expediente redutor do campo de abrangência dos critérios da hipótese ou da consequência da regra-matriz do tributo [...] (CARVALHO, Paulo de Barros. *Direito tributário:* linguagem e método. São Paulo: Noeses, 2008, p. 347).

130. A obrigação de pagar o ICMS de forma antecipada, sem assegurar os créditos da cadeia, viola flagrantemente o disposto no enunciado do a CF, art. 155, § 2º, inciso I, que assegura o direito ao crédito.

interestadual e intermunicipal e de comunicação, ainda que as operações e as prestações se iniciem no exterior.

No presente caso, será abordado o ICMS que incide sobre as operações de *circulação de mercadorias*, ou operações mercantis.

A Constituição da República traz a não cumulatividade do ICMS[131] como um princípio essencial que tem como finalidade evitar a oneração excessiva das atividades econômicas, garantindo a neutralidade do imposto.

Nesse contexto, destaca Osvaldo Santos de Carvalho:

> [...] o constituinte positivou uma expectativa econômica, por meio de· um enunciado constitucional que impõe a não cumulatividade do ICMS, com objetivo de oferecer fruição à pretendida neutralidade tributária quanto ao modo de organização produtiva, calcado no princípio da livre-concorrência, em prol de toda a coletividade.[132]

Logo, a não cumulatividade surge com o objetivo de reduzir o impacto do imposto sobre os preços dos bens, serviços de transporte e comunicação, suprimindo um custo artificial indesejável aos preços e serviços, a fim de evitar que o processo produtivo e comercial se torne ainda mais caro, que poderia levar à redução de investimentos em face do aumento dos custos tributários, e consequentemente, tornaria mais oneroso o custo de vida da população.

---

131. "Art. 155. Compete aos Estados e ao Distrito Federal instituir impostos sobre:
[...]
II - operações relativas à circulação de mercadorias e sobre prestações de serviços de transporte interestadual e intermunicipal e de comunicação, ainda que as operações e as prestações se iniciem no exterior;
§ 2º O imposto previsto no inciso II atenderá ao seguinte:
I - será não cumulativo, compensando-se o que for devido em cada operação relativa à circulação de mercadorias ou prestação de serviços com o montante cobrado nas anteriores pelo mesmo ou outro Estado ou pelo Distrito Federal; [...]."

132. CARVALHO, Osvaldo Santos de. *Não cumulatividade do ICMS e princípio da neutralidade tributária.* São Paulo: Saraiva, 2013, p. 127.

Na não cumulatividade, o imposto pago na etapa anterior da cadeia de produção ou circulação de mercadorias é deduzido do imposto devido na etapa seguinte.

> Nesta esteira entendemos que a não cumulatividade é um princípio que estabelece limites, que devido ao seu forte valor axiológico é um mandamento nuclear do subsistema do ICMS, limitando o poder de tributar do fisco ao estabelecer que o imposto não incide sobre cascata e garante ao contribuinte o direito de compensar o imposto incidente nas operações anteriores com o devido na posterior.[133]

Conforme destacam Geraldo Ataliba e Cléber Giardino, "a cláusula da 'não cumulatividade' não consubstancia mera norma programática, nem traduz recomendação, sequer apresenta cunho didático ou ilustrativo, caracterizando, na realidade, 'diretriz constitucional imperativa'".[134] Portanto, trata-se de obrigação a ser cumprida pelo Poder Público e o contribuinte.

E neste sentido também cita Paulo de Barros Carvalho que

> O primado da não cumulatividade é uma determinação constitucional que deve ser cumprida, assim por aqueles que dela se beneficiam, como pelos próprios agentes da Administração Pública. E tanto é verdade, que a prática reiterada pela aplicação cotidiana do plexo de normas relativas ao ICMS e ao IPI, consagra a obrigatoriedade do funcionário, encarregado de apurar a quantia devida pelo "contribuinte" de considerar-lhe os créditos, ainda que contra sua vontade.[135]

---

133. OLIVEIRA, Andre Felix Ricotta de. *Manual da não cumulatividade do ICMS:* a regra-matriz do direito ao crédito do ICMS. São Paulo: Noeses, 2017, p. 72.

134. ATALIBA, Geraldo; GIARDINO, Cléber. ICMS e IPI – Direito ao Crédito – Produção de Mercadorias Isentas ou Sujeitas à Alíquota "Zero". *Revista de Direito Tributário*, São Paulo, v. 12, n. 46, p. 73-89, out./dez. 1988, p. 75.

135. CARVALHO, Paulo de Barros. *Regra-Matriz do ICM.* 1981. Tese (Livre-Docência) – Faculdade de Direito, Pontifícia Universidade Católica de São Paulo, São Paulo, 1981, p. 377.

Partindo desta linha de raciocínio, verifica-se que a não cumulatividade, da forma prevista no inciso I, do § 2º do art. 155, da Constituição da República cria o sistema de crédito e débito no ICMS, do qual surge o direito para o contribuinte ou sujeito passivo da obrigação tributária aproveitar o imposto que incidiu na operação de circulação de mercadorias, com o ICMS devido na operação de venda. Nesse mesmo sentido, também dispõe sobre a não cumulatividade a Lei Complementar 87/96, nos enunciados dos arts. 19, 20 e 33.[136]

Em síntese:

> a) o direito de crédito, tanto de ICMS, quanto de IPI, é constitucional; b) como tal, não emerge da lei, nem dela depende; c) por isso mesmo, <u>o legislador não pode condicionar o seu exercício;</u>

---

136. "Art. 19. O imposto é não cumulativo, compensando-se o que for devido em cada operação relativa à circulação de mercadorias ou prestação de serviços de transporte interestadual e intermunicipal e de comunicação com o montante cobrado nas anteriores pelo mesmo ou por outro Estado.
Art. 20. Para a compensação a que se refere o artigo anterior, é assegurado ao sujeito passivo o direito de creditar-se do imposto anteriormente cobrado em operações de que tenha resultado a entrada de mercadoria, real ou simbólica, no estabelecimento, inclusive a destinada ao seu uso ou consumo ou ao ativo permanente, ou o recebimento de serviços de transporte interestadual e intermunicipal ou de comunicação.
[...]
Art. 33. Na aplicação do art. 20 observar-se-á o seguinte:
I – somente darão direito de crédito as mercadorias destinadas ao uso ou consumo do estabelecimento nele entradas a partir de 1º de janeiro de 2033;
II – somente dará direito a crédito a entrada de energia elétrica no estabelecimento: (Redação dada pela LCP nº 102, de 11.7.2000)
a) quando for objeto de operação de saída de energia elétrica;
b) quando consumida no processo de industrialização;
c) quando seu consumo resultar em operação de saída ou prestação para o exterior, na proporção destas sobre as saídas ou prestações totais; e
d) a partir de 1º de janeiro de 2033, nas demais hipóteses;
III - somente darão direito de crédito as mercadorias destinadas ao ativo permanente do estabelecimento, nele entradas a partir da data da entrada desta Lei Complementar em vigor.
IV – somente dará direito a crédito o recebimento de serviços de comunicação utilizados pelo estabelecimento:
a) ao qual tenham sido prestados na execução de serviços da mesma natureza;
b) quando sua utilização resultar em operação de saída ou prestação para o exterior, na proporção desta sobre as saídas ou prestações totais; e
c) a partir de 1º de janeiro de 2033, nas demais hipóteses."

> d) esse direito surge com a realização de operação tributável em benefício do adquirente; e) este (adquirente) passa a deter título jurídico (crédito) que poderá ser usado para abatimento de imposto a pagar (forma de pagamento – total ou parcial – de débito de ICM ou de IPI); f) o crédito e o débito são entidades distintas e inconfundíveis, emergentes de fatos diversos, submetidos a regimes autônomos.[137]

A não cumulatividade evita a tributação em cascata, impedindo a tributação de operações sucessivas, com a incidência repetida do mesmo imposto, acabe incidindo diversas vezes sobre a mesma riqueza. No entanto, quando a aquisição de mercadoria não sofre a incidência de ICMS ou é isenta, não gera crédito, nos termos do art. 155, § 2º, II, "a", da CF, sendo *exceção* a esta regra os créditos das exportadoras, apropriados na entrada de mercadorias que são mantidos, conforme dispõe expressamente o art. 155, § 2º, X, "a", da CF. Neste último caso, a norma constitucional desonera as exportações, com o fim de compensar o exportador pelo ônus do ICMS que suportou internamente. Nota-se que a desoneração do ICMS na exportação é ampla.[138]

---

137. ATALIBA, Geraldo; GIARDINO, Cléber. ICMS e IPI – Direito ao Crédito – Produção de Mercadorias Isentas ou Sujeitas à Alíquota "Zero". *Revista de Direito Tributário,* São Paulo, v. 12, n. 46, p. 73-89, out./dez. 1988, p. 80.

138. "Art. 155. Compete aos Estados e ao Distrito Federal instituir impostos sobre:
[...]
II - operações relativas à circulação de mercadorias e sobre prestações de serviços de transporte interestadual e intermunicipal e de comunicação, ainda que as operações e as prestações se iniciem no exterior;
§ 2º O imposto previsto no inciso II atenderá ao seguinte:
II - a isenção ou não incidência, salvo determinação em contrário da legislação:
a) não implicará crédito para compensação com o montante devido nas operações ou prestações seguintes;
[...]
X - não incidirá:
a) sobre operações que destinem mercadorias para o exterior, nem sobre serviços prestados a destinatários no exterior, assegurada a manutenção e o aproveitamento do montante do imposto cobrado nas operações e prestações anteriores; [...]".

5.2.2 A tributação diferenciada do ICMS na produção do agronegócio e a regra da não cumulatividade com a finalidade de não onerar a cadeia de produção

As legislações estaduais que tratam do ICMS trazem a previsão de desoneração dos produtos oriundos do agronegócio, geralmente trazendo o *diferimento* do imposto na comercialização de sua produção, como ocorre nos estados de Mato Grosso do Sul, Mato Grosso e Maranhão. Mas em outros estados, vislumbra-se que traz esta desoneração prevendo também a *isenção, crédito presumido ou garantindo todos os créditos da cadeia.*

Compreendendo a cadeia de produção agropecuária, ressai que tais desonerações têm como objetivo não sobrecarregar a cadeia de produção dos alimentos.

O agronegócio inaugura o ciclo da cadeia de produção, seja pela colheita de grãos, a extração e corte da madeira, o nascimento do bezerro, e com isso para viabilizar a produção agrícola são necessários insumos, defensivos agrícolas, corretivos de solo (calcário e gesso); para a atividade de pecuária, o sal mineral para engorda, vacina e inseminação artificial, assim, nota-se que todos estes insumos repercutem como um valor expressivo no custo destas atividades.

Como se trata de operações que estão no início da cadeia de produção, não há do que se creditar em operação anterior, logo, ficando absorvidos os custos necessários e expressivos do produtor com a finalidade de viabilizar a sua produção, e caso tenha a obrigação de pagar o ICMS na comercialização de sua produção, dentro desta linha de raciocínio teria prejudicada a não cumulatividade do ICMS.

Ocorre que, com a instituição da contribuição aos fundos, os estados acabam onerando a produção do agronegócio, uma vez que condiciona o *diferimento* ou *as outras formas de tributação diferenciada (isenção, crédito presumido...)*, ao pagamento da "contribuição" ao fundo, sob pena de ter o dever de recolher o ICMS integral e de forma antecipada a cada operação, sem a possibilidade de se contemplar a não cumulatividade prevista no texto constitucional para o ICMS.

Desta forma, os fundos não respeitam a regra da não cumulatividade do ICMS na forma prevista no texto constitucional, ao mesmo tempo em que se reafirma a compulsoriedade, reforçando-se com isso que se trata de tributo.

5.3 Apontamento das inconstitucionalidades dos fundos estaduais incidentes sobre a produção agrícola, pecuária e extrativa

As leis estaduais que instituem fundos sobre a produção agrícola, agropecuária e extrativa possuem pontos em comum passíveis de discussão que ensejam questionamentos a respeito das suas respectivas validades, em decorrência da inobservância de preceitos constitucionais e legais, que podem levar à invalidação dessas leis.

O primeiro ponto digno de destaque trata da natureza jurídica da contribuição imposta pelas leis estaduais, que está atrelado à forma de pagamento do ICMS, sendo o cerne principal da discussão o requisito da facultatividade ou compulsoriedade, que ressai do art. 3º do CTN.

Em que pese o título de contribuição dado pelos legisladores estaduais, em verdade não se cogita a existência de ato de vontade do contribuinte (produtor ou agroindústria) que realiza operações com os produtos agrícolas, agropecuários ou ainda das indústrias frigoríficas, com produtos comestíveis resultantes do abate.

Evidentemente não se trata de ato de vontade do contribuinte, mas sim de exigência expressa em lei, e de acordo com a qual o Fisco irá exigir o pagamento, que caso não seja realizado, resultará no dever de pagar o ICMS da respectiva operação, que é acobertada pelo diferimento do imposto estadual de circulação de mercadoria, ou outras formas de tratamento diferenciado do ICMS (crédito presumido ou outorgado; regime especial de recolhimento mensal; imunidade nas exportações). Trata-se, portanto de uma "facultatividade aparente".

Oportuno destacar a reflexão de Fábio Pallaretti Calcini, sobre a necessidade de novas meditações sobre a noção de tributo nos tempos atuais:

> Ora, a natureza tributária de uma exigência estatal há de ser extraída a partir de uma visão que leve em consideração não somente esta ser resultante de lei, mas também da coatividade ou coerção estatal, por meio do exercício de um poder de império ou ato de autoridade, gerador de uma obrigação pecuniária com vínculo jurídico de direito público.
>
> Há de se atentar ao fato de que, em diversas ocasiões, a aparente voluntariedade, faculdade ou opção detida pelo contribuinte, em verdade, não retira, dentro do contexto normativo, a noção de compulsoriedade, que impõe entre ele e o Estado um vínculo jurídico de direito público, onde a ocorrência do fato jurídico tributário continuará a decorrer da lei, gerando uma obrigação pecuniária que não permite às partes, por sua pura e exclusiva vontade (como ato de liberdade — ou autonomia), furtar-se aos efeitos legais.[139]

Presentes os requisitos do art. 3º do CTN, quais sejam: prestação pecuniária a ser paga em moeda; **compulsória**; não se trata de sanção decorrente de ato ilícito; instituída em lei; e cobrada mediante ato vinculado, portanto, amolda-se ao conceito **de tributo**.

---

139. CALCINI, Fabio Pallaretti. Inconstitucionalidade da 'contribuição' do Fundeinfra pelo Estado de Goiás. *Conjur*, São Paulo, 14 abr. 2023. Disponível em: https://www.conjur.com.br/2023-abr-14/direito-agronegocio-fundeinfra-inconstitucionalidade-contribuicao/. Acesso em: 20 fev 2024.

Já definido que se trata de tributo, seguindo a análise a respeito da espécie tributária, apesar do rótulo "contribuição" conferido pelos legisladores estaduais, claramente se verifica que não se destina ao custeio de sistemas de previdência e assistência social local, mas sim com a finalidade de viabilizar, ao menos inicialmente, "a construção, manutenção, recuperação e o melhoramento de rodovias estaduais", não se amoldando ao enunciado do art. 149 da CF,[140] uma vez que não se destina nem ao custeio da seguridade social, nem à intervenção no domínio econômico, nem, tampouco, à tutela de interesses de categorias profissionais ou econômicas. E neste contexto também não se trata de contribuição de melhoria, na forma prevista no enunciado do art. 145, III, da CF,[141] já que não se trata de tributo que surge a partir da valorização imobiliária causada por obra pública realizada em suas imediações.

Sobre as espécies tributárias, Roque Carrazza dispõe:

> No Brasil a Constituição não só efetuou uma classificação estrita das espécies tributárias, como apontou o regime jurídico de cada uma. Portanto, como ressalta Geraldo Ataliba, a distinção das espécies tributárias, na Constituição, não é apenas nominal, mas conceitual. Queremos com isto exprimir que o arquétipo genérico de cada tributo está traçado no Texto Supremo e, destarte, o legislador ordinário não pode dele se afastar.[142]

---

140. "Art. 149. Compete exclusivamente à União instituir contribuições sociais, de intervenção no domínio econômico e de interesse das categorias profissionais ou econômicas, como instrumento de sua atuação nas respectivas áreas, observado o disposto nos arts. 146, III, e 150, I e III, e sem prejuízo do previsto no art. 195, § 6º, relativamente às contribuições a que alude o dispositivo."

141. "Art. 145. A União, os Estados, o Distrito Federal e os Municípios poderão instituir os seguintes tributos:
III - contribuição de melhoria, decorrente de obras públicas."

142. CARRAZZA, Roque Antonio. *Curso de Direito Constitucional Tributário*. 30. ed., revista, ampliada e atualizada até a Emenda Constitucional n. 84/2014. São Paulo: Malheiros, 2015, p. 447, nota de rodapé.

Nessa linha, claramente se verifica o equívoco dos estados ao intitular os fundos como "contribuição", sendo nítido que os Estados **extrapolam a competência estadual**, instituindo espécie de tributo que possui a mesma base de incidência, formas de arrecadação, e previsão de sanções assim como no ICMS, tratando-se de um verdadeiro **adicional de ICMS**, o que se comprova também pelo comparativo da regra-matriz de incidência tributária de cada fundo e a do ICMS que são idênticas.

Trata-se de verdadeiro desvio de finalidade no poder de tributar, uma vez que o ente estadual nitidamente utiliza sua competência com objetivo diferente daqueles previstos no ordenamento jurídico.

Os **legisladores estaduais acabam extrapolando as respectivas competências ao instituir o imposto** em comento, configurando-se a **inconstitucionalidade**, conforme se verifica a inobservância do enunciado do art. 155 da CF,[143] que estabelece o rol dos tributos que poderão ser instituídos pelos Estados, e complementando o art. 154, I, da CF,[144] que estabelece a competência residual da União, não dos Estados, para instituir outros impostos, além dos previstos no dispositivo em comento.

Nesse sentido, destaca-se também que o desvio de finalidade é incompatível com o princípio da legalidade, e resulta em consequências jurídicas, como a anulação de

143. "Art. 155. Compete aos Estados e ao Distrito Federal instituir impostos sobre:
I – transmissão causa mortis e doação, de quaisquer bens ou direitos;
II - operações relativas à circulação de mercadorias e sobre prestações de serviços de transporte interestadual e intermunicipal e de comunicação, ainda que as operações e as prestações se iniciem no exterior;
III - propriedade de veículos automotores."

144. "Art. 154. A União poderá instituir:
I - mediante lei complementar, impostos não previstos no artigo anterior, desde que sejam não cumulativos e não tenham fato gerador ou base de cálculo próprios dos discriminados nesta Constituição; [...]."

atos administrativos que tenham sido praticados com esse propósito, por exemplo.

Portanto, os limites impostos pela Constituição da República para os estados tributarem devem ser observados. Assim, evidente a impropriedade do legislador estadual ao nomear de "contribuição", e claramente não se trata de nenhuma das espécies de tributo elencados no art. 155 da CF de competência dos estados.

Prosseguindo com as inconsistências verificadas nas leis estaduais sob análise, verifica-se a **inconstitucionalidade por vinculação da receita do imposto,** conforme previsão do enunciado do art. 167, inciso IV, da CF.[145] Nesse sentido, oportuno destacar um trecho do Parecer referente às alterações tributárias introduzidas pela Lei nº 1.963/99, do Estado de Mato Grosso do Sul, proferido em 06 de julho de 1999, da lavra de Roque Carrazza, à fl. 54 (documento anexo nos autos da ADI 2056/MS):

> Esta matéria, diga-se de passagem, já foi objeto de apreciação por parte do Supremo Tribunal Federal. Com efeito, a mais alta Corte do País, decidindo pela inconstitucionalidade de dispositivo de lei paulista que também destinava parte de imposto (ICMS) a fim específico (construção de casas populares), deixou consignado que a nobreza dos objetivos não ilide a vedação do art. 167, IV, da Carta Federal. Assim se pronunciou o eminente Ministro Marco Aurélio, relator do feito:
>
> Indaga-se: O objetivo afigurou-se nobre? A resposta é, desenganadamente, positiva tendo em conta a responsabilidade do Estado pelo bem social, considerada, em primeiro plano, a população carente. Não obstante, a segurança na vida gregária pressupõe

---

145. "Art. 167. São vedados:
IV - a vinculação de receita de impostos a órgão, fundo ou despesa, ressalvadas a repartição do produto da arrecadação dos impostos a que se referem os arts. 158 e 159, a destinação de recursos para as ações e serviços públicos de saúde, para manutenção e desenvolvimento do ensino e para realização de atividades da administração tributária, como determinado, respectivamente, pelos arts. 198, § 2º, 212 e 37, XXII, e a prestação de garantias às operações de crédito por antecipação de receita, previstas no art. 165, § 8º, bem como o disposto no § 4º deste artigo; [...]."

> respeito às balizas legais e constitucionais, sob pena, à mercê de uma variação enorme de critérios norteados por políticas governamentais momentâneas chegar-se a uma verdadeira babel, não havendo como prever os acontecimentos de repercussão maior. Não me canso de ressaltar, principalmente neste embate Estado e cidadão, Estado e contribuinte, que **a Carta Política da República é o elemento definidor do almejado equilíbrio, freando a fúria fiscal do Estado. Dificuldades de caixas não podem ser potencializadas a ponto de olvidarem-se os parâmetros constitucionais. Na organicidade do direito, está a segurança do cidadão, pelo que não se pode perder de vista que o meio justifica o fim**, mas não este aquele. A Corte de origem, ao declarar constitucional a lei local em comento, contestada em face do Diploma Maior, mais precisamente da norma insculpida no art. 167, inciso IV. acabou por claudicar.

Claramente, os estados deixam de observar a vedação expressa no enunciado constitucional a respeito da vinculação de receita, uma vez que criam mecanismos de distribuição de receitas de forma a ludibriar o sistema de repasses, assim, resultando em **violação das regras do Direito Financeiro** (art. 167, XIV, da Carta Constitucional) **e Lei de Responsabilidade Fiscal** (art. 163 da Constituição da República).

Verifica-se também a **inconstitucionalidade por inobservância de lei específica e ausência de convênio interestadual,** uma vez que as leis estaduais criam uma contribuição que acaba invadindo a seara do ICMS, quando cria obrigações para o contribuinte poder valer-se do diferimento e outros benefícios/incentivos fiscais, assim deixando de observar a regra constitucional que trata da limitação do poder de tributar, que exige norma específica à revogação e criação de incentivos, uma vez que esbarra na exigência de regramento por convênio entre Estados da quebra de benefício, como ocorre no caso por exemplo, com a extinção do diferimento, como "sanção" imposta ao contribuinte que não pagar o fundo. Nesse sentido deixa de observar o enunciado do art. 150, § 6°, da CF[146] e 155, § 2°, XII, g, da CF.[147]

Inconstitucionalidade pela não observância da não cumulatividade, que decorre da exigência do pagamento integral e antecipado do ICMS, em decorrência de não aderir à contribuição ao fundo, sem garantir-lhes as compensações, que tem como objetivo inibir a cumulatividade do ICMS, portanto, evidente violação do enunciado do art. 155, § 2°, I, da CF.[148]

Presente também a **violação do princípio da igualdade,** que decorre da previsão pelo legislador estadual de garantir o tratamento diferenciado - "premiação - dentro do universo de possíveis contribuintes do ICMS, apenas aos contribuintes que pagarem o fundo, portanto, deixa de observar o os arts. 5º, *caput*[149] e art. 150, II, da CF.[150]

---

146. "Art. 150. Sem prejuízo de outras garantias asseguradas ao contribuinte, é vedado à União, aos Estados, ao Distrito Federal e aos Municípios:
§ 6º Qualquer subsídio ou isenção, redução de base de cálculo, concessão de crédito presumido, anistia ou remissão, relativos a impostos, taxas ou contribuições, só poderá ser concedido mediante lei específica, federal, estadual ou municipal, que regule exclusivamente as matérias acima enumeradas ou o correspondente tributo ou contribuição, sem prejuízo do disposto no art. 155, § 2.º, XII, g."

147. "Art. 155. Compete aos Estados e ao Distrito Federal instituir impostos sobre:
§ 2º O imposto previsto no inciso II atenderá ao seguinte:
XII – cabe à lei complementar:
g) regular a forma como, mediante deliberação dos Estados e do Distrito Federal, isenções, incentivos e benefícios fiscais serão concedidos e revogados."

148. "Art. 155. Compete aos Estados e ao Distrito Federal instituir impostos sobre:
§ 2º O imposto previsto no inciso II atenderá ao seguinte:
I - será não cumulativo, compensando-se o que for devido em cada operação relativa à circulação de mercadorias ou prestação de serviços com o montante cobrado nas anteriores pelo mesmo ou outro Estado ou pelo Distrito Federal; [...]."

149. "Art. 5º. Todos são iguais perante a lei, sem distinção de qualquer natureza, garantindo-se aos brasileiros e aos estrangeiros residentes no País a inviolabilidade do direito à vida, à liberdade, à igualdade, à segurança e à propriedade, nos termos seguintes: [...]."

150. "Art. 150. Sem prejuízo de outras garantias asseguradas ao contribuinte, é vedado à União, aos Estados, ao Distrito Federal e aos Municípios:
II - instituir tratamento desigual entre contribuintes que se encontrem em situação

Vislumbra-se ainda a **violação ao princípio da bitributação**, já que os estados impõem o pagamento da contribuição ao fundo sempre que o contribuinte realizar operações mercantis de circulação de mercadorias. Ou seja, impõe cobrança de nova espécie de tributo com base no mesmo fato gerador do ICMS. Demais disso, oportuno enfatizar que o pagamento da contribuição ao fundo não isenta o produtor rural do ICMS, apenas garante o diferimento ou outro benefício/incentivo fiscal, ou forma diferenciada de recolhimento do ICMS, que não implica renúncia fiscal, e assim sendo, emerge cristalina a bitributação.

Gravemente **viola a imunidade nas operações de exportação**, uma vez que condiciona o gozo da imunidade ao pagamento do fundo, ou seja, o ente estatal cria restrição para que o contribuinte possa ser agraciado com a imunidade, que sequer é incentivo ou benefício fiscal, mas sim previsão de limitação do poder de tributar garantido constitucionalmente, conforme art. 155, § 2º, X, da CF.[151]

Vislumbra-se ainda a **violação do princípio da livre-concorrência**, uma vez que os produtores rurais mato-grossenses acabam ficando em situação de desvantagem, já que ao impor uma tributação mais onerosa acaba prejudicando a respectiva competitividade com produtores de outros estados (art. 170, IV, da CF[152]).

---

equivalente, proibida qualquer distinção em razão de ocupação profissional ou função por eles exercida, independentemente da denominação jurídica dos rendimentos, títulos ou direitos; [...]."

151. "Art. 155. Compete aos Estados e ao Distrito Federal instituir impostos sobre:
§ 2º O imposto previsto no inciso II atenderá ao seguinte:
X – não incidirá:
a) sobre operações que destinem mercadorias para o exterior, nem sobre serviços prestados a destinatários no exterior, assegurada a manutenção e o aproveitamento do montante do imposto cobrado nas operações e prestações anteriores; [...]."

152. "Art. 170. A ordem econômica, fundada na valorização do trabalho humano e na livre iniciativa, tem por fim assegurar a todos existência digna, conforme os ditames da justiça social, observados os seguintes princípios:
IV – livre-concorrência; [...]."

Violação de princípios da transparência e moralidade, além de resultar em desvio de finalidade, conforme dispõe o enunciado do art. 37 da CF.[153]

Portanto, estas são as invalidades comuns às legislações estaduais.

Em síntese, são as seguintes conclusões a respeito das violações dos preceitos constitucionais pelas leis estaduais sobre o agronegócio:

Invalidades/ inconstitucionalidades	**Fundos**
Natureza Tributária (art. 3º do CTN)	Fundersul; Fethab; FDI MA; FET TO; Fundeinfra
Adicional de ICMS – não se trata de contribuição (art. 149 da CF e art. 145, III, da CF)	Fundersul; Fethab; FDI MA; FET TO; Fundeinfra
Violação do Poder de Limitar – extrapola competência estadual (art. 154, I, da CF e art. 155, CF)	Fundersul; Fethab; FDI MA; FET TO; Fundeinfra
Inconstitucionalidade por vinculação da receita do imposto (art. 167, IV da CF)	Fundersul; Fethab; FDI MA; FET TO; Fundeinfra
Violação as regras de direito financeiro e Lei de Responsabilidade Fiscal (art. 167, XIV, da CF; art. 37, *caput*, e art. 163 da CF)	Fundersul; Fethab; FDI MA; FET TO; Fundeinfra
Inconstitucionalidade por inobservância de lei específica e ausência de convênio interestadual (art. 150, § 6°, da CF e 155, § 2°, XII, g, da CF)	Fundersul; Fethab; FDI MA; FET TO; Fundeinfra
Inconstitucionalidade pela não observância da não cumulatividade (art. 155, § 2°, I, da CF)	Fundersul; Fethab; FDI MA; FET TO; Fundeinfra
Violação do princípio da igualdade (art. 150, II, da CF)	Fundersul; Fethab; FDI MA; FET TO; Fundeinfra

153. "Art. 37. A administração pública direta e indireta de qualquer dos Poderes da União, dos Estados, do Distrito Federal e dos Municípios obedecerá aos princípios de legalidade, impessoalidade, moralidade, publicidade e eficiência e, também, ao seguinte: [...]."

Invalidades/ inconstitucionalidades	**Fundos**
Violação ao princípio da bitributação	Fundersul; Fethab; FDI MA; FET TO; Fundeinfra
Violação da imunidade nas operações de exportação (art. 155, § 2º, X, da CF)	Fundersul; Fethab; FDI MA; FET TO; Fundeinfra
Violação do princípio da livre-concorrência (art. 170, IV, da CF)	Fundersul; Fethab; FDI MA; FET TO; Fundeinfra
Violação de princípios da transparência e moralidade, além de resultar em desvio de finalidade (art. 37 da CF).	Fundersul; Fethab; FDI MA; FET TO; Fundeinfra
Descumpridas regras orçamentárias e de finanças públicas (art. 37 da CF)	Fundersul; Fethab; FDI MA; FET TO; Fundeinfra

Oportuno trazer à baila também **considerações específicas de invalidades previstas por alguns estados:**

- Mato Grosso – Fethab

Especificamente com relação à **legislação de Mato Grosso,** vislumbram-se além dos pontos destacados a **previsão de repasse de parte dos valores arrecadados com os fundos para órgãos institucionais do estado e até mesmo entidades privadas, o que representa violação da regra expressa no enunciado do art. 37 da Constituição Federal, uma vez que claramente são descumpridas regras orçamentárias e de finanças públicas.** Portanto, há inconstitucionalidade por arrastamento dos fundos correlatos (FACS, FABOV, FAMAD, IAGRO, IMAFIR E IMAMT).

- Maranhão - FDI

O Estado do Maranhão também inova por meio do FDI, uma vez que o **produtor rural não é o sujeito passivo da obrigação, mas sim, as empresas adquirentes e responsáveis pela comercialização.**

E nesse contexto, de antemão destaca-se que **não se trata de regra de substituição tributária**, segundo a qual o produtor ressai como contribuinte voluntário, e a empresa adquirente ou comercializadora seria responsável pela retenção e repasse do valor do fundo feita pelo produtor. O que ocorre em verdade é a incidência do FDI em 03 (três) etapas: na produção, no transporte e no armazenamento, portanto, o produto maranhense é excessivamente onerado.

Por derradeiro, a repercussão cumulativa recai sobre os produtos rurais do Estado do Maranhão, pois na prática estas empresas acabam repassando tais valores referentes ao FDI como custo que é embutido no preço dos produtos, logo, reforça ainda mais a **violação da livre-iniciativa** já mencionada sob outra ótica.

O Estado de Maranhão na ânsia de arrecadação vai ainda mais além criando a **TFTG**[154] e o **FEPRO,**[155] que possuem a mesma base de incidência do FDI, logo, considerando que a regra-matriz de ambos é idêntica, verifica-se que resulta em *bis in idem*. Portanto, onera ainda mais a cadeia produtiva do setor do agronegócio.

Abaixo a regra-matriz de incidência tributária tem como objetivo tornar mais clara a análise dos critérios de cada um destes tributos considerando os enunciados que tratam sobre sistema tributário previstos na Constituição da República, em especial a competência e a rigidez do sistema tributário, bem como a parte geral do Sistema Tributário previsto no Código Tributário Nacional.

154. Taxa de Transporte de Grãos e Minérios (TFTG).

155. Fundo Estadual para Rodovias do Estado do Maranhão (FEPRO).

Tributo	FDI	TFTG – Taxa	ICMS MA
Critério material	Promover a circulação de mercadorias, no mercado interno, interestadual ou para o exterior, com produtos do agronegócio, como soja, milho, milheto e sorgo	Realizar o transporte interestadual, intermunicipal ou com destino a exportação, inclusive com meios próprios dos grãos (soja, milho, milheto e sorgo)	Prestar serviços onerosos de transporte interestadual ou intermunicipal de produtos do agronegócio (soja, milho, milheto e sorgo)
Critério Espacial	No estado do Maranhão	No estado do Maranhão	No estado do Maranhão
Critério Temporal	A cada operação de comercialização	No momento de início do serviço de transporte	No momento de início do serviço de transporte
Critério Pessoal	**Sujeito Ativo:** Estado do Maranhão **Sujeito Passivo:** Contribuinte que realizou a compra com produtos (soja, milho, milheto e sorgo)	**Sujeito Ativo:** Estado do Maranhão **Sujeito Passivo:** aquele que contrata o serviço de transporte (o contratante, se o transportador for terceiro) ou aquele que realiza o transporte não oneroso (se o transporte for realizado por meio próprio) *ou seja, produtor rural ou agroindústria	**Sujeito Ativo:** Estado do Maranhão **Sujeito Passivo:** aquele que presta o serviço de transporte (o contratado) *ou seja, a transportadora
Critério Quantitativo	**Base de cálculo:** valor da mercadoria comercializada **Alíquota:** 1,8%	**Base de cálculo:** valor da mercadoria transportada (tonelada de grãos transportados) **Alíquota:** 1,5%	**Base de cálculo:** valor do serviço **Alíquota:** X% (definido conforme as alíquotas nacionais)

É evidente que o legislador do estado do Maranhão inova criando além da contribuição ao FDI, que incide sobre a comercialização dos produtos do agronegócio, uma taxa que pretende também tributar a prestação do serviço de transporte (TFTG) sob o argumento de tratar-se de um poder de polícia que ressai da fiscalização.

Paulo de Barros Carvalho leciona que deve existir uma relação entre o tipo tributário e sua base de cálculo, aduzindo: "Temos para nós que **a base de cálculo** [...] **tem a virtude de confirmar, infirmar ou afirmar o critério material** expresso na composição do suposto normativo".[156]

A respeito da taxa, a Constituição da República traz expressamente no art. 145,[157] que poderão ser instituídas em razão do exercício do poder de polícia ou pela utilização, efetiva ou potencial, de serviços públicos específicos e divisíveis, prestados ao contribuinte ou postos à sua disposição, e por fim, enfatiza que as taxas não poderão ter base de cálculo própria de impostos.

Partindo desta linha de raciocínio, chama a atenção que a TFTG incide sobre o valor da tonelada de grãos transportados constante da nota fiscal de saída de referidos grãos, que não guarda relação com o exercício de polícia, característico da taxa, e ainda, possui a mesma a base de cálculo do ICMS, conforme representado pelo quadro comparativo da regra-matriz de incidência acima.

---

156. CARVALHO, Paulo de Barros. *Curso de direito tributário*. 31. ed., rev. e atual. São Paulo: Saraiva, 2021, p. 364, grifos nossos.

157. "Art. 145. A União, os Estados, o Distrito Federal e os Municípios poderão instituir os seguintes tributos: I - impostos; **II – taxas, em razão do exercício do poder de polícia ou pela utilização, efetiva ou potencial, de serviços públicos específicos e divisíveis, prestados ao contribuinte ou postos a sua disposição**; III - contribuição de melhoria, decorrente de obras públicas. [...] § 2º As taxas não poderão ter base de cálculo própria de impostos."

5.8 Casos julgados e os pendentes de julgamento pelo Supremo Tribunal Federal

A respeito dos fundos incidentes sobre a produção do agronegócio, desde a instituição do Fundersul em 1999, muitas discussões judiciais surgem em torno de sua legalidade, a natureza jurídica de tributo ou não, dentre outros.

Destaca-se que a previsibilidade é importante para o direito, e por meio dela busca-se garantir a segurança jurídica, já que das decisões jurídicas decorrem impactos e restrições ao jurisdicionado, mas também repercute como precedente para outros casos semelhantes, refletindo ainda na economia do país, uma vez que pode ensejar a frustração de investimentos, e a influência no processo legislativo, que deve respeito as exigências e limites para a produção das leis previstos na Constituição da República, uma vez que, caso não sejam observadas, ensejam a inconstitucionalidade dos atos assim produzidos.

Por meio do Poder Judiciário, busca-se a segurança jurídica, que se dá dentro de um processo, assim destaca-se a importância de uma ordem jurídica estável e previsível. Nesse sentido, o enunciado do art. 926 do estatuto processual civil dispõe que "Os tribunais devem uniformizar sua jurisprudência e mantê-la estável, íntegra e coerente".

Considerando que são inúmeras as discussões no Judiciário questionando os fundos estaduais vigentes, atualmente, no sistema do direito positivo brasileiro, seguem os principais casos julgados e pendentes de julgamento nos tribunais superiores a respeito de cada um deles.

5.8.1 Fundo de Desenvolvimento do Sistema Rodoviário de Mato Grosso do Sul (Fundersul): Ação Direta de Inconstitucionalidade nº. 2.056

Trata-se do primeiro caso relevante tratando da instituição do Fundo de Desenvolvimento do Sistema Rodoviário do Mato Grosso do Sul, ajuizado logo no início da vigência da Lei Estadual nº 1.963, de 1999, mas que teve como resultado, a improcedência da ADIN, no qual foi vencido o Ministro Marco Aurélio. O relator foi o Ministro Gilmar Mendes.

Em síntese, a alegação inicial questionava os pontos abaixo:

> a) Lei instituidora cria "contribuição", que possui natureza jurídica de tributo, especificamente assume caráter de imposto;
>
> b) Extrapola competência estadual para instituir imposto;
>
> c) vincula receita deste imposto ao fundo (vedação expressa no art. 167, IV da CF)
>
> d) viola vários princípios norteadores do poder de tributar, tais como: princípio da não cumulatividade; igualdade; anterioridade e vedação a bitributação.
>
> e) para revogação de benefício fiscal (no caso o diferimento) são necessários norma específica e convênio interestadual, o que não ocorreu no caso (violação dos arts. 150, § 6º e art. 155, § 2º, XII, g, da CF).

Contudo, o Tribunal julgou improcedente os pedidos da ADIN, seguindo os argumentos do relator que concluiu que

> [...] a contribuição criada pelo estado de Mato Grosso do Sul não possui natureza tributária, uma vez que não se vislumbra a compulsoriedade, prevista no art. 3º do CTN. Entende que de fato é uma contribuição facultativa, por conseguinte, não estando sujeita aos limites constitucionais do poder de tributar, assim, não havendo violação aos princípios da não cumulatividade, igualdade, anterioridade e da vedação da bitributação.

5.8.2 Fundo Estadual de Transporte e Habitação do estado de Mato Grosso (Fethab): Ação Direta de Inconstitucionalidade nº. 6314 e Ação Direta de Inconstitucionalidade nº. 6420

Com relação ao Fethab, destaca-se que em várias oportunidades, o Supremo Tribunal Federal foi instado a analisar e manifestar sobre a sua constitucionalidade, mas a Corte limitou-se a seguir a mesma linha de raciocínio e argumentos que prevaleceram no julgamento da Adin 2056, que tratou do Fundersul. Nesse sentido, foi o resultado no julgamento no Agravo de Instrumento 859.321, no qual o Relator Ministro Dias Tofolli, de forma monocrática, decidiu pela constitucionalidade do Fethab, afastando o caráter tributário, por ser facultativo. E na mesma linha seguiu os demais casos julgados: RE 602.492, Rel. Min. Luis Roberto Barroso; RE 613.468, Mi. Luis Roberto Barroso; RE 606.218, Rel. Min. Alexandre de Moraes. Nota-se que nestes casos, ainda não existiam os fundos correlatos.

Considerando que a legislação que instituiu o Fethab, ao longo dos anos passou por inúmeras alterações, sob a égide do novo texto a Sociedade Rural Brasileira, por meio da ADIN 6314, cuja relatoria era do Ministro Gilmar Mendes também questionou o fundo, visando ao reconhecimento da inconstitucionalidade, na íntegra, da Lei Estadual que criou o Fethab, e todas as suas alterações, e, por conseguinte, dos fundos que lhes são correlatos (FACS, FABOV, FAMAD, IAGRO, IMAD, IMAFIR e IMAMT). Contudo, a ação não foi conhecida, sob o argumento de ilegitimidade ativa da requerente (SRB).

Neste caso, constaram no acervo dos documentos anexos a inicial da ação um parecer jurídico da lavra de Heleno Taveira Torres, pontuando sobre as inconstitucionalidades da Lei nº 7.263/2000 e demais leis sucessivas. Seguem alguns pontos contemplados no parecer que acompanhou a ação, mas que foram destacados em síntese por Heleno Torres em um artigo publicado no Conjur com o seguinte título: "Imunidades e incentivos fiscais do ICMS não podem ser tributados: o caso do Fethab".

> Art. 146, III, "a" – ao não observar o disposto em lei complementar, no caso, o Código Tributário Nacional – CTN ou mesmo as regras que prescrevem as condutas vinculantes sobre tomada de crédito e respeito à imunidade nas exportações, previstas na Lei Complementar nº 87/1996. [...]
>
> Art. 150, II – ao desrespeitar em diversas situações o princípio da isonomia ou da não discriminação, por criar tratamento diferente para contribuintes que estão em situação equivalente. É o caso do cerceamento do direito legítimo a diferimentos, regimes especiais ou imunidade. [...]
>
> Art. 150, V – por "utilizar tributo com efeito de confisco". E isso se verifica sempre que o regime gerar um excesso de exação sem amparo constitucional. Ora, as distorções levadas a cabo pelo FETHAB corroboram diversas situações de majoração mais gravosa do ICMS. [...]
>
> Art. 150, § 6º – porque o regime especial ou diferimento somente podem ser modificados por lei específica do ICMS, na medida que subsídio ou isenção, relativos a impostos, "*só poderá ser concedido*" mediante "*lei específica estadual*", que "*regule exclusivamente as matérias acima enumeradas ou o correspondente tributo*". [...]
>
> Art. 152 – aos Estados é vedado estabelecer *diferença tributária* entre bens em razão de sua procedência ou *destino*. O FETHAB, dentre outros malefícios, gera distorções nas remessas de mercadorias para exportação, com cobrança do FETHAB sobre o volume exportado, e bem assim para as operações interestaduais com diferimento ou substituição tributária. [...]
>
> Art. 154, II – somente a União pode criar "adicional" de imposto (ICMS), mas unicamente em presença de guerra externa ou sua iminência, na forma de *impostos extraordinários*. O FETHAB nada mais é do que um adicional do ICMS. [...]
>
> Art. 155, II – supera-se a competência do ICMS ou criação de tributo sem competência, ao legislar sobre ICMS, a pretexto de regular uma exação não tributária, unicamente para cobrar "imposto" sem os limites do regime constitucional tributário de limitações ao poder de tributar. [...]

Art. 155, § 2º, inciso I e inciso XII e art. 150, § 7º – em virtude da quebra da sistemática de não cumulatividade do ICMS e distorção da regra que permite substituição tributária para frente, sem observância dos critérios da LC nº 87/1996. [...]

Art. 155, § 2º, inciso II – no caso de diferimento, a operação diferida (do produtor) gera direito de crédito em favor do adquirente, pois não há que se falar em "isenção" na etapa inicial, sujeita a "monofasia". Logo, inaplicável o inciso II ao diferimento, pois, na ausência de isenção, deve ser mantido o direito de crédito na aquisição da mercadoria. [...]

Art. 155, § 2º, inciso X, alínea *a* – em virtude da violação à imunidade da exportação e das operações equiparadas. [...]

Art. 155, § 2º, inciso VI – as alíquotas do FETHAB, como adicional do ICMS, na condição de "alíquotas internas", aplicadas "nas operações relativas à circulação de mercadorias", "não poderão ser inferiores às previstas para as operações interestaduais". No caso, são inferiores e variáveis, atualizadas por decretos, e sem qualquer controle de limite à atualização monetária. [...]

Art. 155, § 2º, inciso X – a cobrança do FETHAB sobre imunidade à exportação de mercadorias desrespeita, ao mesmo tempo, *(a)* a proibição de incidência sobre operações que destinem mercadorias para o exterior, e o dever de *(b)* assegurar "a manutenção e o *aproveitamento do montante do imposto cobrado nas operações anteriores*". [...]

Art. 155, § 2º, inciso XII – descumpre-se a observância de lei complementar quanto aos regimes de substituição tributária, compensação do imposto, manutenção de crédito, e quanto à remessa para outro Estado e exportação para o exterior, de mercadorias, dentre outros. [...]

Art. 167, inciso IV da CF – diante da vedação da destinação prévia do produto arrecadado com impostos a fundo, órgão ou despesa, o FETHAB se presta como medida para ocultar o real propósito de desviar para fundos autônomos ao orçamento o montante do ICMS, ou mesmo cobrar tributos de situações de não competência (imunidade) ou protegidas por regimes especiais gerais. [...]

Art. 165, § 5º, inciso I da CF –por não respeitar o processo orçamentário, incluindo controle na LDO e transparência fiscal. [...]

Art. 170, inciso IV da CF – pela afetação ao princípio de livre concorrência e proteção da unidade nacional do mercado[158].

158. TORRES, Heleno Taveira. Imunidades e incentivos fiscais do ICMS não podem ser tributados: o caso do Fethab. *Conjur*, São Paulo, 04 mar. 2020, p. 19-21.

Contudo, o Ministro relator *negou seguimento* à Ação Direta de Inconstitucionalidade 6314, ajuizada pela Sociedade Rural Brasileira (SRB) em face da legislação do Estado de Mato Grosso, que instituiu o Fundo de Transporte e Habitação (FETHAB) e condicionou o seu recolhimento à aplicação de substituição tributária em algumas operações de circulação de mercadorias, sob o argumento de que a Sociedade Rural Brasileira não tem legitimidade ativa para propor ações de controle concentrado de constitucionalidade no STF.

Oportuno destacar que ainda se encontra pendente de julgamento a ADIN 6420, ajuizada pela Associação Brasileira das Indústrias Exportadoras de Carne (ABIEC), cujo Relator também é o Ministro Gilmar Mendes, na qual se discute especificamente sobre o FETHAB ,na operação de exportação da carne bovina, uma vez que a consequência da não realização do pagamento do fundo em comento nas exportações diretas ou indiretas de carne bovina resulta nas saídas interestaduais que realizar na incidência e ao cálculo do ICMS a cada operação, e não pelo regime mensal de débito e crédito, nas saídas interestaduais que realizar.

Neste caso, consta nos autos parecer da Procuradoria Geral da República favorável ao pleito da ABIEC, contudo, ainda está pendente de julgamento, estando concluso com o Relator há mais de 02 (dois) anos.

5.8.3 Fundo Estadual de Desenvolvimento Industrial do Maranhão (FDI): Suspensão de Segurança 5422 (STF); ADIN 7406

Inicialmente foi ajuizado um Pedido de Suspensão de Segurança pelo estado do Maranhão com objetivo de obstar os efeitos de decisão proferida pelo Tribunal de Justiça do estado do Maranhão, que impedia a cobrança da contribuição estadual facultativa prevista na Lei nº 8.246/2005 (alterada pelas Leis nºs 11.184/2019 e 11.222/2020) e determinava a abstenção de aplicação de qualquer sanção política aos associados não optantes pelo recolhimento da contribuição estadual.

Na origem, trata-se de Mandado de Segurança impetrado pela Aprosoja com objetivo de impedir a cobrança da contribuição estatal facultativa instituída pela Lei nº 8.246 e abstenção de aplicação de sanção política aos associados que não formalizaram o termo de opção, que tramitou perante a Quarta Vara de Fazenda Pública de São Luis, no estado de Maranhão sob o nº 0811982-24.2020.8.10.0001.[159] Ocorre que o pedido liminar foi indeferido em primeira instância, mas posteriormente foi concedida monocraticamente em sede de agravo de instrumento no Tribunal de Justiça do estado do Maranhão.[160]

Neste contexto, o estado aduz que por ausência de regulamentação, a contribuição facultativa não foi instituída. Ainda assim, reforça que a contribuição é constitucional e possui caráter facultativo. E argumenta que se trata de contribuição semelhante à que foi criada pelo Mato Grosso do Sul (Fundersul), declarada facultativa e condicional na ADI 2056. Nesse sentido, também destaca que o Superior Tribunal de Justiça também entende pela legitimidade do Fethab, instituído pelo estado de Mato Grosso.

---

159. MARANHÃO. Tribunal de Justiça. *Mandado de Segurança nº 0811982-24.2020.8.10.0001*. Relatora: Juíza Oriana Gomes. Julgamento: 09 dez. 2021. Órgão Julgador: Quarta Vara da Fazenda Pública de São Luís-MA. Publicação: 14 jan. 2022.

160. Agravo de Instrumento nº 0804163-39.2020.8.10.0000, em que restou deferida antecipação de tutela pleiteada pela Associação dos Produtores de Soja e Milho do Estado do Maranhão (APROSOJA/MA) para "impedir a cobrança da contribuição estadual facultativa prevista na Lei nº 8.246/2005 (alterada pelas Leis nºs 11.184/2019 e 11.222/2020) e a abstenção de aplicação de qualquer sanção política aos associados não optantes pelo recolhimento da contribuição estadual (*id. Agravo de Instrumento nº 0804163-39.2020.8.10.0000*. Relatora: Anildes de Jesus Bernardes Chaves Cruz. Julgamento liminar: 13 maio 2020. Órgão Julgador: Decisão Monocrática. Publicação: DJe, 18 maio 2020). No mérito mantida a liminar, data do julgamento: 12/08/2021, Publicação: DJe, 27/08/2021 mar. 2021).

Traz ainda argumentos de prejuízo aos cofres públicos no valor aproximado de 78 milhões, no período que compreende de abril a dezembro de 2020, e argumenta que a decisão privilegia empresas exportadoras, que não sofreram nenhum tipo de prejuízo em decorrência da pandemia, em detrimento à lesão econômica do estado do Maranhão.

Por fim, o Ministro Relator Luiz Fux, de forma monocrática, julgou improcedente o pedido de suspensão formulado pelo Estado do Maranhão, em 20 de maio de 2021.

Passados alguns anos, em 26 de junho de 2023, o Partido Novo ajuizou a ADIN 7406 para questionar a norma maranhense que instituiu o Fundo Estadual de Desenvolvimento Industrial e de Infraestrutura do Estado do Maranhão (FDI), aduzindo em síntese que embora seja uma contribuição não compulsória cobrada sobre o valor da tonelada produzida, transportada ou armazenada de soja, milho e sorgo, condiciona a fruição de tratamentos diferenciados no âmbito do ICMS.

Como descreve na inicial, trata-se

> [...] de uma "contribuição não compulsória" criada pelo Estado a partir de materialidades típicas de impostos, para um "fundo" previsto para custear despesas típicas de impostos, que incide sobre a cadeia rural e que é gerido através de entidades paraestatais mediante normas infralegais. Por qualquer perspectiva que se olhe esse "fundo" é avassaladora sua afronta à Constituição da República.[161]

No caso, é importante destacar que a inicial faz o *distinguishing* com os casos anteriormente julgados pelo STF, em especial a ADIN 2056/MS (Fundersul), eis que o Fundersul, quando questionado na época, limitou-se a questionar 4 (quatro) dispositivos da lei estadual de Mato Grosso do Sul,

161. LOUBET, Leonardo Furtado *et al. Petição inicial da Ação Direta de Inconstitucionalidade nº 7.406/STF.* Brasília, 27 mar. 2023, p. 13.

e não a totalidade da sistemática dos fundos, como a possibilidade de criação de um fundo estadual gestor dos recursos arrecadados, possibilidade de cobrança com destinação específica, tal como acontece na legislação maranhense.

Ressalta também que o produtor rural não é o sujeito passivo, uma vez que a lei maranhense relaciona a obrigação pelo cumprimento dos termos da lei que institui o FDI ao transporte e ao armazenamento. E nesse contexto, evidentemente, não é o produtor que faz o transporte e a armazenagem, mas sim as empresas responsáveis pelo fluxo de comercialização. Nota-se que a legislação do FDI em vários dispositivos deixa claro que o responsável será a empresa adquirente e/ou responsável pela comercialização.[162] Nesse caso, o argumento é no sentido de que se que trata de uma espécie de substituição tributária.

E por derradeiro, considerando que o recolhimento do FDI também é condição imposta para manutenção do regime especial para apuração e recolhimento mensal de ICMS nas operações interestaduais e de exportação, mais uma vez destaca em seu pleito que o destinatário do FDI é a empresa adquirente e não o produtor. Nessa linha de raciocínio, a empresa adquirente que será responsável pelo recolhimento do FDI.

Enfatiza ainda na inicial que a cobrança tem efeito cascata, uma vez que está sujeita à incidência do FDI em 03

162. "§ 1º, e 2 º, do artigo 3º-A, *in verbis*: § 1º Para os efeitos do disposto no caput deste artigo, o tratamento diferenciado refere-se à aplicação de diferimento, concessão de redução da base de cálculo, crédito presumido ou crédito outorgado, e de regime tributário para o cumprimento de obrigações, **todos vinculados ao ICMS**.
§ 2º O recolhimento da **contribuição pelas empresas comerciais**, exportadoras ou não, ocorrerá até o dia 20 (vinte) do mês subsequente ao da saída da soja, milho, milheto ou sorgo do estabelecimento, nas operações internas, nas interestaduais ou de exportação, bem como nas operações equiparadas à exportação, previstas no art. 3º, parágrafo único, da Lei Complementar Federal nº 87, de 13 de setembro de 1996 (MARANHÃO. Assembleia Legislativa. *Lei nº 8246, de 25 de maio de 2005*. Cria o Fundo Estadual de Desenvolvimento Industrial do Estado do Maranhão, e dá outras providências. *Diário Oficial*, São Luís, 25 maio 2005).

(três) etapas: na produção, no transporte e no armazenamento. Segue abaixo a síntese da cadeia descrita na petição inicial da ADI em comento:

> Etapa 01: o produtor colhe a soja, o milho, o milheto ou o sorgo. Normalmente o produtor remete sua produção para um armazém geral onde os grãos são comercializados;
>
> Etapa 02: a remessa de grãos para armazenagem pressupõe um serviço de frete, o qual, por envolver o transporte desses produtos, estará sujeito à incidência do FDI (1ª incidência);
>
> Etapa 03: chegando os grãos no estabelecimento, a empresa armazenadora, porque realiza a armazenagem de grãos, estará obrigada também ao pagamento do FDI (2ª incidência);
>
> Etapa 04: decidindo o produtor pela venda, haverá um retorno simbólico dos grãos para ele, de modo a que possa ser formalizada a venda ao estabelecimento adquirente, com entrega direta do armazém ao comprador (remessa por conta e ordem). Para que isso ocorra, novamente será necessário um serviço de frete, sujeito à incidência do FDI (3ª incidência)
>
> Etapa 05: entrando o produto no estabelecimento adquirente, a empresa pagará o valor ao produtor e terá que recolher o FDI até o 20º dia do mês subsequente (4ª incidência);
>
> Etapa 06: como muitas empresas não adquirem grãos para uso próprio, mas sim para nova comercialização no mercado interno, no mercado interestadual ou para exportação, quando ela der destino à produção será necessário, uma vez mais, novo serviço de frete, o qual também estará submetido ao FDI (5ª incidência).[163]

E neste sentido, o subscritor da inicial, Leonardo Loubet conclui que é nítida a cumulatividade da incidência do FDI sobre os produtos rurais do Estado do Maranhão.

Os autos permanecem conclusos com o Relator o Ministro Gilmar Mendes, desde a data do protocolo da ADIN, em 26 de junho de 2023.[164]

---

163. LOUBET, Leonardo Furtado *et al. Petição inicial da Ação Direta de Inconstitucionalidade nº 7.406/STF.* Brasília, 27 mar. 2023, p. 34-35.

164. BRASIL. Supremo Tribunal Federal. *Ação Direta de Inconstitucionalidade nº 7.406/MA*. Relator: Ministro Gilmar Mendes. Consulta realizada em 21 maio 2024.

E por derradeiro, apesar de não tratar especificamente sobre o Fundo Estadual de Desenvolvimento Industrial do Maranhão (FDI), mas da Taxa de Fiscalização de Transporte de Grãos (TFTG), prevista na Lei estadual n 11.867/2022, e regulamentada pelo Decreto 38.214, de 31 de março de 2023, tendo em vista que incide sobre o transporte da produção agrícola (soja, milho, milheto e sorgo), oportuno registrar que também está sendo questionada no STF por meio da ADIN 7407.

Ocorre que tanto o FDI como a TFTG apresentam a base de cálculo idêntica à do ICMS, e a TFTG acaba indo mais além ao impor o pagamento da taxa sobre as operações de exportação, ignorando a imunidade constitucional prevista para as operações de exportação.

Com relação à ADIN 7407, que tem como Relatora a Ministra Carmem Lúcia, embora tenha sido distribuída na mesma data da ADI 7406, teve início do julgamento de forma virtual entre os dias 16/04/2024 a 26/04/2024, tendo sido realizada sustentação oral do representante legal do Partido Novo, por conseguinte, o processo foi retirado de pauta pela Relatora, e segue com previsão para retomada do julgamento virtual para os dias 24/05/2024 a 04/06/2024.[165]

5.8.4 Fundo Estadual de Transporte do estado de Tocantins (FET): ADIN 6365

Trata-se de Ação Direta de Inconstitucionalidade ajuizada pela APROSOJA, com objetivo de questionar a Lei do Estado de Tocantins nº 3.617/2019, que institui o Fundo Estadual de Transporte (FET), impondo aos produtores do estado o pagamento do FET, nas operações de saídas interestaduais e também com destino à exportação.

---

165. BRASIL. Supremo Tribunal Federal. *Ação Direta de Inconstitucionalidade nº 7.407/MA*. Relatora: Ministra Carmem Lúcia. Consulta realizada em 21 maio 2024.

Aduz em síntese que criou verdadeiro tributo, por ser compulsória, sendo imposição criada por lei e que se configura como receita derivada. Demais disso, destaca que a penalidade imposta pelo não pagamento do FET é a mesma pelo não pagamento do ICMS.

Ressalta ainda que o Estado de Tocantins extrapola os limites da competência prevista no texto constitucional ao criar o FET, que não se enquadra como taxa, nem como contribuição de melhoria, e não está previsto no rol dos impostos de competência dos estados e DF, destacando que somente a União pode criar impostos extraordinários.

Partindo desta linha de raciocínio, conclui que se trata de adicional de ICMS, ante a incidência de dois tributos sobre o mesmo fato gerador.

Dispõe ainda sobre a existência de inconstitucionalidade formal, uma vez que foi instituído por medida provisória (MP 24, de 10/12/2019), posteriormente convertida em lei (Lei 3.617/2019). Assim, enfatiza, nos termos do enunciado do art. 146 da Constituição da República que somente lei complementar pode dispor sobre matéria tributária.

O Relator do caso, o Ministro Luiz Fux, na sessão de julgamento virtual realizada (01/09/2023 a 11/09/2023) conhecendo a ação direta e julgando procedente o pedido formulado, declarou a inconstitucionalidade do inciso VI do art. 6º e dos arts. 7º e 8º da Lei nº 3.617/2019 do Estado do Tocantins, e na sequência o Ministro Gilmar Mendes pediu vista dos autos.

Em 20/12/2023, o Relator deixa de apreciar o pedido de tutela provisória na ADI, sob o argumento de que está prevista a continuidade do julgamento virtual para o dia 02/02/2024; nesse sentido, considerando a proximidade da sessão, aconselha que o Tribunal resolva a matéria logo em cognição exauriente, a fim de evitar eventual risco de prolação de decisões potencialmente conflitantes em curto lapso temporal.

Em 02/02/2024, inicia-se o julgamento virtual, que é finalizado em 09/02/2024, resultando na seguinte decisão:

> O Tribunal, por unanimidade, conheceu da ação direta de inconstitucionalidade e julgou procedente o pedido, para declarar a inconstitucionalidade do inciso VI do artigo 6º e dos artigos 7º e 8º da Lei 3.617/2019 do Estado do Tocantins, nos termos do voto do Relator.[166]

Logo de início, o Relator destaca que o deslinde da controvérsia passa pelo exame da natureza jurídica da exação, concluindo que é tributo, por ser compulsória, logo, estando sujeita às limitações constitucionais ao poder de tributar.[167]

Nesse contexto, prossegue o Relator concluindo que

> [...] se trata de adicional de alíquota do ICMS com receita vinculada, à semelhança dos adicionais do ICMS destinados aos fundos estaduais de combate à pobreza, porém, *in casu*, sem amparo constitucional. [...] Por fim, o adicional do ICMS em questão incide inclusive sobre operações de saída de mercadorias com destino à exportação ou equiparadas à exportação, em manifesta afronta ao disposto no artigo 155, § 2º, X, "a", da Constituição Federal, que estabelece imunidade em relação ao ICMS para as operações que destinem mercadorias ao exterior. [168]

Portanto, o Supremo Tribunal Federal de forma contrária ao que foi decidido na Adin nº 2056, que tratava do Fundersul, conclui que a exação possui natureza tributária, mais precisamente adicional de ICMS.

---

166. BRASIL. Supremo Tribunal Federal. *Ação Direta de Inconstitucionalidade nº 6.365/TO*. Relator: Ministro Luiz Fux. Julgamento por meio de Sessão Virtual: 02 fev. 2024 a 09 fev. 2024. Órgão Julgador: Tribunal Pleno. Publicação: DJE, 16 fev. 2024.

167. *In casu*, conforme exposto, a exação imposta pelo Estado de Tocantins apresenta compulsoriedade inequívoca, na medida em que todos os contribuintes que promovam operações de exportação estão submetidos ao pagamento da contribuição ao fundo estadual, sem qualquer opção. O recolhimento, nesta situação, configura-se, ontologicamente, como um tributo (*ibid.*).

168. FUX, Luiz (ministro). Voto do relator. *In: ibid.*, p. 18.

Na sequência, foi negado provimento aos embargos de declaração opostos por ambos os jurisdicionados,[169] tanto pelo Estado de Tocantins, que tinha como objetivo de que fosse reconhecida a perda de objeto da ação, em razão da superveniência da Lei Estadual nº 4.303/2023, que promoveu alterações normativas ao Fundo Estadual de Transporte (FET), até então disciplinado pela Lei Estadual nº 3.617/2019, com as alterações promovidas pela Lei Estadual n. 4.029/2022, bem como a modulação dos efeitos da decisão que reconheceu a inconstitucionalidade do inciso VI do art. 6º e dos arts. 7º e 8º da Lei nº 3.617/2019 do Estado do Tocantins, sob o argumento de que os valores arrecadados já foram aplicados, e por conseguinte, acarretaria um impacto significativo nas finanças do Estado. Bem como os Embargos da Aprosoja que tinha como objetivo tão somente complementar o Acórdão que reconheceu a inconstitucionalidade para incluir a Lei nº 4.303/2023 no escopo dos dispositivos impugnados, retificando-se o específico trecho do acórdão embargado.

Por derradeiro, o Estado de Tocantins insiste na oposição de novo embargos de declaração com a finalidade de que seja esclarecida obscuridade com relação ao quórum legal para modulação dos efeitos, mesmo diante de declaração de suspeição de Ministro, invocando a razoabilidade e proporcionalidade, assim, na data de 10 de maio de 2024, o processo segue concluso ao relator, estando pendente de análise.

5.8.5 Fundo Estadual de Infraestrutura do estado de Goiás (Fundeinfra): Ação Direta de Inconstitucionalidade 7363[170]

Trata-se de Ação Direta de Inconstitucionalidade ajuizada pela Confederação Nacional da Indústria (CNI),

169. BRASIL. Supremo Tribunal Federal. *Ação Direta de Inconstitucionalidade nº 6.365/TO.* Embargos de Declaração. Relator: Ministro Luiz Fux. Julgamento por meio de Sessão Virtual: 12 fev. 2024 a 19 fev. 2024. Publicação: DJE, 03 maio 2024

170. BRASIL. Supremo Tribunal Federal. *Ação Direta de Inconstitucionalidade nº 7.363/GO.* Relator: Ministro Dias Toffoli. Relator do acórdão: Ministro Edson Fachin. Julgamento: 25 abr. 2023. Órgão Julgador: Tribunal Pleno. Publicação: DJe, 04 maio 2023.

aduzindo em síntese a ilegalidade da cobrança do FDI, uma vez que impõe o recolhimento da "contribuição", como condição para o contribuinte usufruir os regimes de benefícios ou incentivos fiscais, bem como de controle de exportação e substituição tributária para trás. Pede a declaração da inconstitucionalidade dos arts. 5º, I e parágrafo único, e 12 da Lei nº 21.670/2022, dos arts. 1º a 5º da Lei nº 21.671/2022 bem como do Decreto nº 10.187/2022 e das IN´s SEE/GO nºs 1.542/2023 e 1.543/2023. Sucessivamente, pede a declaração de inconstitucionalidade do Convênio ICMS nº 42/2016.

Com a inicial da ADI acompanha parecer da lavra de Fabio Pallaretti Calcini, discorrendo sobre as inconstitucionalidades da Lei instituidora do Fundeinfra, dentre as quais destacam-se:

> III. A. "FUNDEINFRA". ONEROSIDADE AOS PRODUTOS DO AGRONEGÓCIO. VIOLAÇÃO À IGUALDADE.
>
> [...]
>
> Ao exigir a contribuição para determinados e específicos produtos agropecuários, o legislador, por meio do decreto regulamentar, acabou por diferenciar sem justificativa razoável e autorização constitucional, descumprindo o princípio da igualdade.
>
> [...]
>
> Em geral, a distinção pela lei se dará em face de uma pessoa, objeto ou características destes e, a partir deste aspecto, traz os reflexos legais (permitido, obrigatório e proibido), com a concessão de direitos ou restrição a estes.
>
> Para o presente caso concreto que se avalia, o fator de distinção está voltado para produtos específicos agropecuários, a fim de se exigir a cobrança de uma contribuição ao "FUNDEINFRA"
>
> O fator de distinção voltado aos produtos agropecuários (soja, milho, cana, gado, búfalo e carnes destes) em detrimento de todos os demais existentes e produzidos no Estado de Goiás nos parece violar a igualdade.
>
> [...]
>
> Isto porque, outros produtos, inclusive do agronegócio também gozam de incentivos fiscais, ou mesmo de substituição ou são

destinados ao exterior. Todavia, alguns sofrem esta exigência outros não. Ademais, o montante arrecadado com referida contribuição, como enuncia a legislação, será revertido em obras de infraestrutura, não trazendo vantagem ou benefício direto, muito menos exclusivo aos produtores de referidos itens que sofrem a exação. Portanto, está discriminação, revela que há evidente distinção irrazoável e, por conseguinte, arbitrária.

III. B. "FUNDEINFRA". VIOLAÇÃO À LEGALIDADE. AMPLA DELEGAÇÃO. IMPOSSIBILIDADE.

[...]

A partir ainda da noção de legalidade, pode-se extrair a reserva legal. Ela consiste em linhas gerais na descrição do âmbito de atuação material da lei, de modo que há uma reserva a ela para disciplinar tais conteúdos, vedando-se a intervenção por meio de outros atos normativos, podendo-se compreender como uma regra de competência.

[...]

Levando em consideração todos os aspectos voltados à legalidade constitucional, sobretudo, a impossibilidade de o Decreto Regulamentar inovar a ordem jurídica, criando direitos e obrigações, nos parece que a Lei n. 21.670/2022, ao delegar para o Regulamento – Decreto n. 10.187/2022, a fim de que este estabelecesse quais seriam os produtos sujeitos à contribuição destinada ao "FUNDEINFRA", bem como a respectiva alíquota, certamente, violou a legalidade, não se tratando da mitigação denominada "delegação regulamentar".

Deste modo, nos parece evidente a inconstitucionalidade por violação à legalidade constitucional.

IV. ICMS. IMUNIDADE ÀS EXPORTAÇÕES. AMPLITUDE E A IMPOSSIBILIDADE DE RESTRIÇÕES.

[...]

este aspecto a ser analisado é o de maior gravidade, soando latente e chapada a inconstitucionalidade.

A Lei n. 21.670/2022, ao instituir o "FUNDEINFRA", em seu art. 5º, determina como "condição" para o gozo da imunidade tributária na exportação, o pagamento de contribuição de até 1,65% sobre o valor da operação.

[...]

Em síntese, segundo a legislação goiana, para determinados produtos listados, destinados à exportação (direta ou indireta), ou se recolhe de antemão o ICMS, em cada operação; ou se recolhe a contribuição de até 1,65% destinado ao "FUNDEINFRA".

[...]

Seguindo tais parâmetros constitucionais, à luz da jurisprudência do SUPREMO TRIBUNAL FEDERAL, entendemos que os Estados, naturalmente, têm competência – e até dever – de fiscalizar os contribuintes quanto à exoneração das exportações (gozo da imunidade), criando, até mesmo, obrigações acessórias que permitam este controle.

É plenamente inconstitucional, porém, a exigência antecipada do ICMS e de forma totalmente sem razoabilidade e praticabilidade tributária, como estabelece o art. 79-A, § 1º, do RCTE, para operações de exportação. Da mesma forma, instituir uma "alternativa" a esta exigência que constitua no pagamento de uma contribuição (art. 79-A, § 2º, RCTE) não deixa de configurar nítida forma de onerar, por via oblíqua, as exportações.

As duas alternativas, independentemente da natureza tributária ou não, são medidas inconstitucionais, uma vez que oneram indevidamente as exportações – diretas ou indiretas -, violando o texto constitucional, agindo em total descompasso com os precedentes do Colendo SUPREMO TRIBUNAL FEDERAL. [...]

V. ICMS. CONVÊNIO CONFAZ N. 42/2016. AMPLITUDE. LEI N. 21.670/2022. USURPAÇÃO DOS LIMITES.

[...]

O Estado de Goiás nos parece ter usurpado, ao menos em parte, a autorização estabelecida no Convênio 42/2016, pois, dispõe o art. 5º, I, da Lei n. 21.670/2022:

[...]

Ora, a legislação Goiana exige a presente contribuição destinada ao "FUNDEINFRA" como suposta "condição" ao gozo de imunidade tributária bem como operação com substituição tributária. Sem grandes reflexões, dada a desnecessidade, é de conhecimento geral que imunidade tributária, tal como aquela voltada à exoneração da exportação (art. 155, II, § 2º, X, "a"), ou, ainda, a instituição de substituição tributária (art. 150, § 7º) não configuram incentivo ou benefício fiscal. Bem por isso, a autorização prevista no Convênio não se aplica às hipóteses descritas no art. 5º, I, "b" e "c", da Lei n. 21.670/2022, havendo nítida inconstitucionalidade, usurpando-se não somente o Convênio ICMS 42/2016, como ainda o art. 150, § 6º, da Constituição Federal.

[...]

> VI. "FUNDEINFRA". "CONTRIBUIÇÃO". O DESVIO DE PODER DA ATIVIDADE LEGISLATIVA. O SISTEMA TRIBUTÁRIO E SUA RIGIDEZ CONSTITUCIONAL
>
> [...]
>
> Deste modo, no momento em que um Estado cria uma "contribuição" tipicamente caraterizada como um tributo (critério material do ICMS), dada a identidade com todas as suas características, porém, busca furtar-se ao rígido sistema constitucional tributário sob alegação de que seria um recolhimento facultativo para gozo de incentivos ou benefícios, nos parece que descumpre e age em pleno descompasso com toda a estrutura sistematizada pelo constituinte, em nítida falta de razoabilidade.
>
> Há um desvio no exercício deste poder, uma vez que se tributa de forma oblíqua e velada, em detrimento de toda rigidez constitucional estabelecida para a geração de receita a partir do exercício da competência tributária delimitada a cada um dos entes federativos. Sendo assim, numa avaliação de todo o contexto e forma de criação de referida contribuição e respectivo fundo, nos parece que há evidente desvio de poder da atividade legislativa, o que torna a exigência inconstitucional.[171]

Por fim, conclui que tanto a lei instituidora e as respectivas regulamentações relacionadas às condicionantes impostas pelo Fundeinfra são inconstitucionais.

Inicialmente o Relator do caso, o ministro Dias Toffoli, do Supremo Tribunal Federal (STF), suspendeu a eficácia das normas do Estado de Goiás, em 03/04/2023, nos termos abaixo:

> Ante o exposto, defiro em parte a medida cautelar, *ad referendum* do Plenário, para suspender a eficácia do art. 5º, I e parágrafo único, da Lei nº 21.670/22, dos arts. 1º; 2º, na parte em que conferiu nova redação ao inciso II do § 1º e ao § 1º-A do art. 2º da Lei nº 13.194/97; 3º e 4º da Lei nº 21.671/22 bem como, por arrastamento, do Decreto nº 10.187/22 e das Instruções Normativas SEE/GO nºs 1.542/23 e 1.543/2023.

---

171. CALCINI, Fabio Pallaretti. *Parecer a respeito da eventual (in)constitucionalidade e (i)legalidade do Fundo Estadual de Infraestrutura (Fundeinfra), conforme Lei Estadual de Goiás nº 21.670, de 06 de dezembro de 2022*. São Paulo, 10 mar. 2023.

Contudo, posteriormente o Tribunal, por maioria, não referendou a liminar concedida pelo Relator, nos termos do voto do Ministro Edson Fachin, que invocou precedente relacionado ao Fundersul do Estado do Mato Grosso do Sul.

Prosseguindo, por meio de decisão monocrática proferida em 14 fev. 2024, o Relator Edson Fachin decide que, com o advento da Emenda Constitucional nº 132, de 20 de dezembro de 2023, a qual alterou o Sistema Tributário Nacional, incluindo o art. 136 no ADCT, a ação direta de inconstitucionalidade em comento ficou prejudicada, em razão da modificação no contexto dos parâmetros de controle de constitucionalidade. Vejamos:

> O novo dispositivo constitucional, como se nota, abarca o FUNDEINFRA, destacando-se que esse fundo, instituído em 2022, está relacionado com obras de infraestrutura e que o pagamento da contribuição já referida, a ele destinada, é condição para aplicação de diferimento, regime especial ou outro tratamento diferenciado relativo ao ICMS.
>
> Por fim, a jurisprudência da Corte é firme quanto ao reconhecimento da prejudicialidade da ação direta quando se verifica inovação substancial no parâmetro constitucional de controle, orientação que também se aplica no presente caso.[172]

Nesse contexto, citando precedentes da Corte,[173] julga prejudicada a ação direta de inconstitucionalidade em decorrência de circunstâncias supervenientes decorrentes

---

172. BRASIL. Supremo Tribunal Federal. *Ação Direta de Inconstitucionalidade nº 7.363/GO*. Relator: Ministro Dias Toffoli. Relator do acórdão: Ministro Edson Fachin. Julgamento: 25 abr. 2023. Órgão Julgador: Tribunal Pleno. Publicação: DJe, 04 maio 2023, p. 11.

173. ADI nº 2.197, Rel. Min. Maurício Corrêa, Tribunal Pleno, julgado em 10/3/04, DJ de 2/4/04; ADI nº 1.691, Rel. Min. Moreira Alves, Tribunal Pleno, julgado em 5/2/03, DJ de 4/4/03. Na mesma direção: ADI nº 2.531/RS-AgR, Tribunal Pleno, Rel. Min. Carlos Velloso, DJ de 12/9/03; ADI nº 2.971/RO-AgR, Tribunal Pleno, Rel. Min. Celso de Mello, DJe de 13/2/15 (BRASIL. Supremo Tribunal Federal. *Ação Direta de Inconstitucionalidade nº 7.363/GO*. Relator: Ministro Dias Toffoli. Relator do acórdão: Ministro Edson Fachin. Julgamento: 25 abr. 2023. Órgão Julgador: Tribunal Pleno. Publicação: DJe, 04 maio 2023, p. 11-12).

da Emenda Constitucional nº 132/2023, com a inclusão do art. 136.[174]

Como consequência, a Confederação Nacional da Indústria interpôs agravo regimental, contudo, por unanimidade, foi negado provimento, nos termos do voto do Relator Ministro Dias Toffoli, que reiterou o entendimento de que a Emenda Constitucional nº 132, de 2023 modificou, de maneira substancial, o contexto dos parâmetros de controle de constitucionalidade, de modo que a ação direta de inconstitucionalidade ficou prejudicada. No mesmo julgamento, destacou ter conhecimento do resultado do julgamento da ADI nº 6.365/TO, no qual a Corte reconheceu a inconstitucionalidade de dispositivos da Lei do Estado de Tocantins nº 3.617/2019 que versavam sobre o Fundo Estadual do Transporte (FET), mas destacou que se trata de discussão diferente da que é tratada no caso do Fundeinfra, uma vez que o FET não era cobrado como condição para aplicação do diferimento, regime especial ou outro tratamento diferenciado, relativos ao ICMS, logo, conclui que a contribuição destinada ao FET não é aplicável ao art. 136 do ADCT,

174. "Art. 136. Os Estados que possuíam, em 30 de abril de 2023, fundos destinados a investimentos em obras de infraestrutura e habitação e financiados por contribuições sobre produtos primários e semielaborados estabelecidas como condição à aplicação de diferimento, regime especial ou outro tratamento diferenciado, relativos ao imposto de que trata o art. 155, II, da Constituição Federal, poderão instituir contribuições semelhantes, não vinculadas ao referido imposto, observado que:
I - a alíquota ou o percentual de contribuição não poderão ser superiores e a base de incidência não poderá ser mais ampla que os das respectivas contribuições vigentes em 30 de abril de 2023;
II - a instituição de contribuição nos termos deste artigo implicará a extinção da contribuição correspondente, vinculada ao imposto de que trata o art. 155, II, da Constituição Federal, vigente em 30 de abril de 2023;
III - a destinação de sua receita deverá ser a mesma das contribuições vigentes em 30 de abril de 2023;
IV - a contribuição instituída nos termos do caput será extinta em 31 de dezembro de 2043. Parágrafo único. As receitas das contribuições mantidas nos termos deste artigo não serão consideradas como receita do respectivo Estado para fins do disposto nos arts. 130, II, 'b', e 131, § 2º, I, 'b', deste Ato das Disposições Constitucionais Transitórias."

incluído pela Emenda Constitucional nº 132/2023, diferente do que ocorre com o Fundeinfra.[175]

Por derradeiro foi oposto embargos de declaração pela Confederação Nacional da Indústria que segue pendente de julgamento, com conclusão para o relator desde o dia 26 de abril de 2024.

5.8.6 Análise da Jurisprudência sobre os casos julgados – *Distinguishing*

O *distinguishing* surge como uma técnica utilizada para demonstrar que o caso submetido a julgamento possui características ou fatos que o diferencia dos precedentes estabelecidos.

Nesse contexto, deve existir uma correlação entre o precedente eleito (paradigma da controvérsia) e o caso concreto, bem como uma análise se o precedente firmado enfrenta todos os principais argumentos de direito que versam sobre o assunto, por maioria de votos ou unanimidade do tribunal.

A uniformização da jurisprudência surge com objetivo de trazer mais segurança e isonomia nas decisões, principalmente quando se trata de casos semelhantes sendo submetido ao crivo do Judiciário, assim, o objetivo é evitar decisões conflitantes sobre casos semelhantes. A ideia é a uniformização da jurisprudência com objetivo de garantir a confiança nas decisões.

Assim, os precedentes são as decisões que surgem com o objetivo de funcionar como parâmetro, vinculando as decisões judiciais que tratem de situação semelhante. Trata-se de decisão proferida em julgamento a um caso concreto,

---

175. BRASIL. Supremo Tribunal Federal. Ação Direta de Inconstitucionalidade nº 7.363/GO. Agravo Regimental. Relator: Ministro Dias Toffoli. Julgamento por meio de Sessão Virtual: 29 março 2024 a 08 abril 2024. Publicação: DJe, 18 abril 2024.

que servirá de paradigma para casos futuros semelhantes, produzindo efeitos além das partes envolvidas no caso, e também além do tempo que foi proferida. E nesse sentido, oportuno destacar que o Código de Processo prevê expressamente as espécies de julgados que são considerados precedentes.[176] Vejamos:

> Art. 927. Os juízes e os tribunais observarão:
>
> I - as decisões do Supremo Tribunal Federal em controle concentrado de constitucionalidade;
>
> II - os enunciados de súmula vinculante;
>
> III - os acórdãos em incidente de assunção de competência ou de resolução de demandas repetitivas e em julgamento de recursos extraordinário e especial repetitivos;
>
> IV - os enunciados das súmulas do Supremo Tribunal Federal em matéria constitucional e do Superior Tribunal de Justiça em matéria infraconstitucional;
>
> V - a orientação do plenário ou do órgão especial aos quais estiverem vinculados.

Os precedentes são compostos pelas circunstâncias fáticas, que servem de base para a controvérsia e pela tese, que é a motivação da decisão, melhor dizendo a *ratio decidendi*.

A Professora Tereza Arruda Alvim destaca que "[...] a vinculatividade dos precedentes é justificada pela necessidade de igualdade e a igualdade é atingida através da seleção de aspectos do caso que deve ser julgado, que devem ser considerados relevantes, para que esse caso seja considerado semelhante a outro e, decidido da mesma forma".[177]

176. Luiz Guilherme Marinoni, Daniel Mitidiero e Sérgio Arenhart explicam que "apenas o Supremo Tribunal Federal e o Superior Tribunal de Justiça formam precedentes. Os Tribunais Regionais Federais e os Tribunais de Justiça dão lugar à jurisprudência. As súmulas podem colaborar tanto na interpretação como na aplicação do direito para as Cortes Supremas e para as Cortes de Justiça – e, portanto, podem emanar de quaisquer dessas Cortes (*Novo curso de processo civil.* v. 2. São Paulo: Revista dos Tribunais, 2015, p. 609).

177. WAMBIER, Teresa Arruda Alvim. *Primeiros comentários ao novo Código de Processo Civil:* artigo por artigo. São Paulo: Revista dos Tribunais, 2015, p. 5.

Logo, oportuno destacar ainda o *leading case* que se refere a decisão de determinada controvérsia, ou ainda, que estabelece decisão sobre determinado litígio já resolvido em outra circunstância, que resulte em alteração da jurisprudência.

Assim, compreender toda esta sistemática é importante para entender o *distinguishing* ou técnica de distinção, que de acordo com o processualista Fredie Didier Junior:

> [...] consiste em uma técnica de confronto do suporte fático precedente com o da demanda a ser julgada, cujo resultado poderá: a) conduzir à aplicação do precedente no caso concreto, se as eventuais dissemelhanças entre os casos confrontados não forem consideradas relevantes o suficiente para o afastamento daquele, ou; b) impedir a aplicação do precedente, acaso as divergências fáticas entre os elementos contrastados apresentem grau de importância capaz de afastar a incidência daquele. Por *distinguishing*, se entende não apenas o método de confronto entre o precedente e o caso concreto, como, também, o resultado desse confronto, quando constada diferença entre os elementos comparados.[178]

Partindo desta linha de raciocínio, e visando a assegurar a força do precedente, o julgador que deixar de aplicar o precedente deve fundamentar de forma expressa e clara o motivo que recusa a aplicação, demonstrando que o caso concreto está fora do campo de incidência do precedente. (§ 1º art. 489 do Código Processual Civil).[179]

---

178. DIDIER JR., Fredie *et al. Precedentes.* Salvador: JusPodivm, 2016, p. 206.

179. "Art. 489. São elementos essenciais da sentença: [...] § 1º Não se considera fundamentada qualquer decisão judicial, seja ela interlocutória, sentença ou acórdão, que:
I - se limitar à indicação, à reprodução ou à paráfrase de ato normativo, sem explicar sua relação com a causa ou a questão decidida;
II - empregar conceitos jurídicos indeterminados, sem explicar o motivo concreto de sua incidência no caso;
III - invocar motivos que se prestariam a justificar qualquer outra decisão;
IV - não enfrentar todos os argumentos deduzidos no processo capazes de, em tese, infirmar a conclusão adotada pelo julgador;
V - se limitar a invocar precedente ou enunciado de súmula, sem identificar seus fundamentos determinantes nem demonstrar que o caso sob julgamento se ajusta àqueles fundamentos;
VI - deixar de seguir enunciado de súmula, jurisprudência ou precedente invocado pela parte, sem demonstrar a existência de distinção no caso em julgamento ou a superação do entendimento."

Ocorre que, o julgador também pode se equivocar ao interpretar o precedente, assim aplicando-o de forma equivocada, ou até mesmo deixando de aplicar.

Nos casos julgados sobre os fundos, nota-se que o Judiciário vem aplicando de forma equivocada a tese fixada no julgamento ADI 2056, que julgou o Fundersul, sem apresentar argumentos plausíveis que de fato justifique a aplicação do precedente aos novos casos que estão sendo submetidos à análise.

Portanto, como resultado de análises superficiais que deixam de observar as peculiaridades dos casos submetidos a julgamento, tem-se a aplicação desenfreada e equivocada do precedente do Fundersul.

6. A REFORMA TRIBUTÁRIA E A CRIAÇÃO DE NOVA CONTRIBUIÇÃO SOBRE AS OPERAÇÕES DO AGRONEGÓCIO

A Reforma Tributária surge com a finalidade de simplificação, transparência, eliminar a guerra fiscal entre os estados federados e redução da carga tributária.

Nesse contexto, o texto base da proposta a PEC 45/2019, aprovado e que resulta na promulgação da Emenda Constitucional nº 132, de 20 de dezembro de 2023, unifica o ISSQN, ICMS, PIS, COFINS e IPI em três novos tributos: a Contribuição sobre Bens e Serviços (CBS), de gestão federal; o Imposto sobre Bens e Serviços (IBS), gerido pelo Conselho Federativo, composto por representantes dos Estados e municípios; e um Imposto Seletivo (IS), federal, que incidirá sobre bens e serviços prejudiciais à saúde e ao meio ambiente.

Sem entrar nos detalhes do texto aprovado, uma vez que não é o objetivo da presente obra, será realizada abordagem com relação à nova contribuição criada, assunto que está diretamente ligado aos fundos estaduais incidentes sobre a operação do agronegócio, que é objeto de estudo do presente trabalho, e que impacta o setor do agronegócio.

Nesse sentido, é oportuno relembrar sobre as peculiaridades do setor que, embora já tenham sido tratadas, merecem destaque novamente, em face da novidade imposta pela Emenda Constitucional nº 132, de 2023,[180] uma vez que os incentivos e formas de tributação diferenciadas, especialmente, para PIS, COFINS e IPI, bem como ICMS, deixam de existir e passam a ser tributados, o que representa ponto de preocupação por onerar a cadeia do agronegócio.

Oportuno destacar a reflexão de Fabio Palleratti Calcini:

> Apesar de ser uma forma de conceder uma neutralidade fiscal às operações no agronegócio, reduzindo o impacto tributário decorrente de uma tributação uniforme, diante da extinção de isenções, créditos presumidos, alíquotas zeros, entre outros, poderá afetar financeiramente o caixa de tais contribuintes no decorrer da cadeia, em especial, pelo fato de que tais atividades são sazonais (uma a duas safras ou mesmo após longo período do café, eucalipto), tendo períodos antecipados de forte investimento e custos sem qualquer receita para abatimento dos créditos, sem contar, ainda, que, muitas vezes, quando da realização da operações, esta será destinada à exportação.[181]

---

180. "O agronegócio, como é de conhecimento, representa parcela significativa das relações econômicas do Estado Brasileiro, chegando na atualidade ao patamar de 23,5% do PIB (CEPEA), de tal sorte que, incondicionalmente, qualquer alteração no sistema de tributação gerará significativos impactos no setor e, por conseguinte, na própria economia nacional, com reflexos até mesmo internacionais, em decorrência da forte participação dos produtos agropecuários no cenário global, pois o Brasil é grande exportador.
Do ponto de vista tributário, por força até mesmo do texto constitucional vigente ele possui inúmeras peculiaridades que visam fomentar referido setor.
Portanto, embora não se possa afirmar que se trata privilégio, mas a simples concretização de políticas de incentivos fiscais que objetivam viabilizar economicamente o exercício desta atividade, dadas as peculiaridades e variantes que passam desde aspectos climáticos e meio ambiente (secas, chuvas, entre outras) como também de mercado como variações de preços mundiais e estoque, variações cambiais entre outros pontos, há inúmeros atos normativos de imunidade, isenção, suspensão, diferimento, créditos presumidos, entre outros" (CALCINI, Fabio Pallaretti. A reforma tributária e o diálogo com o agronegócio. *Conjur*, São Paulo, 27 dez. 2019. Disponível em: https://www.conjur.com.br/2019-dez-27/direito-agronegocio-reforma-tributaria-dialogo-agronegocio/. Acesso em: 20 fev. 2024).

181. CALCINI, Fabio Pallaretti. A reforma tributária e o diálogo com o agronegócio. *Conjur*, São Paulo, 27 dez. 2019. Disponível em: https://www.conjur.com.br/2019-dez-27/direito-agronegocio-reforma-tributaria-dialogo-agronegocio/. Acesso em: 20 fev. 2024.

Evidente que a pretensão da Constituição da República é fomentar e incentivar a cadeia do agronegócio que está diretamente ligada à produção de alimentos, viabilizando, assim, a consagração dos direitos fundamentais.

Durante o trâmite do texto da Reforma Tributária, por meio da emenda aglutinativa à PEC 45/2019, o art. 20,[182] em atendimento ao pleito de alguns Governadores de Estado, que possivelmente buscam uma forma de garantir receita com certo grau de autonomia, se comparado com as novas regras do IBS, propõe a criação de uma contribuição estadual sobre produtos primários e semielaborados para investimento em obras de infraestrutura e habitação, em substituição aos fundos estaduais, que atualmente são condicionantes para que o contribuinte possa usufruir do diferimento, regime especial ou outro incentivo fiscal estadual relacionado ao ICMS. Ou seja, propõe a criação de um tributo semelhante ao Fundersul, Fethab, FDI, FET e Fundenifra, ora discutidos.

A primeira observação é a de que a novidade trazida pela emenda aglutinativa, no art. 20 não guarda absolutamente nenhuma relação com a tributação do consumo, que é o tema objeto da reforma. Trata-se de uma nova espécie de tributo criada com objetivo de substituir os fundos estaduais que há tempo vem sendo questionada no Judiciário, em especial no Supremo Tribunal Federal, uma vez que é nítida a inconstitucionalidade das Leis que instituem esses fundos, destacando-se dentre tantos outros pontos, a ausência de previsão de competência para os Estados

182. "Art. 20. Os Estados e o Distrito Federal poderão instituir contribuição sobre produtos primários e semielaborados, produzidos nos respectivos territórios, para investimento em obras de infraestrutura e habitação, em substituição a contribuição a fundos estaduais, estabelecida como condição à aplicação de diferimento, regime especial ou outro tratamento diferenciado, relacionados com o imposto de que trata o art. 155, II, da Constituição Federal, prevista na respectiva legislação estadual em 30 de abril de 2023.
Parágrafo único. O disposto neste artigo aplica-se até 31 de dezembro de 2043."

instituírem tais fundos, uma vez que se trata de prerrogativa da União, conforme dispõe a Constituição da República.

Nota-se claramente que o objetivo da emenda aglutinativa é legitimar a cobrança da contribuição aos fundos estaduais que à luz da legislação vigente é inconstitucional, logo, evidente a ofensa aos pilares principais da Reforma Tributária que é a simplificação e a neutralidade.

Por fim, o Senado Federal aprovou a proposição relacionada aos fundos incidentes sobre a produção do agronegócio, com alterações na redação original, sendo oportuno destacar as considerações finais do Relator da Reforma Tributária, Senador Eduardo Braga:

> Dos Fundos Estaduais
>
> A proposta original da PEC nº 45, de 2019, de facultar aos Estados e ao DF a instituição de contribuição sobre produtos primários e semielaborados, produzidos em seus respectivos territórios, até 31 de dezembro de 2043, cuja arrecadação será destinada a investimentos em infraestrutura e habitação, em substituição a recolhimentos a fundos existentes em 20 de abril de 2023, como condição para aplicação a diferimento, regime especial ou outro tratamento diferenciado do ICMS, é de natureza questionável. A nova tributação contraria importantes pressupostos adotados na reforma tributária do consumo. A contribuição estadual seria cobrada na origem, em oposição à adoção do princípio do destino; não concederia crédito aos adquirentes dos bens tributados, na contramão da não cumulatividade plena do IBS; implantaria alíquotas diferentes para setores econômicos distintos, em contraposição à alíquota-padrão única para o IBS estadual; e oneraria os bens estaduais exportados, tornando-os menos competitivos, em franca colisão com a desoneração completa das exportações. Ademais, há nítidas diferenças entre o recolhimento ao fundo e o pagamento da nova contribuição. Aquele tem natureza voluntária e corresponde a uma contrapartida onerosa do contribuinte do ICMS para desfrutar de algum tratamento favorecido. **Este, por sua vez, é de exigência compulsória, por ser de natureza tributária, e não está associado ao usufruto de nenhuma benesse tributári**a; ao contrário, implica elevação da carga tributária dos bens a ela sujeitos. Portanto, não há sustentação jurídica na defesa da contribuição como substituta natural do recolhimento ao fundo estadual de infraestrutura e de habitação

> Por outro lado, é razoável que as unidades da Federação disponham de recursos adicionais para a continuidade de investimentos que colaboram para a promoção do desenvolvimento socioeconômico local. À vista disso, propomos que os fundos estaduais em funcionamento na data de referência de 30 de abril de 2023 financiados por contribuições voluntárias, isto é, recolhimentos espontâneos, como condição para aplicação a tratamento favorecido relativo ao ICMS sejam mantidos até o final de 2032, observadas as regras e os limites de recolhimento previstos na legislação estadual naquela data.
>
> Destarte, os fundos seriam suprimidos junto com a extinção do ICMS. Não obstante isso, de 2033 em diante, nada impediria que os Estados alocassem recursos orçamentários, por exemplo, oriundos da arrecadação do IBS, para a realização desses investimentos, sem o intermédio de fundos. Para tanto, bastaria a elevação da alíquota-padrão do IBS estadual, cobrado dos seus próprios residentes. A extinção dos fundos é justificável, pois qualquer vinculação constitucional adicional de receita de imposto a determinada finalidade tende a aumentar a rigidez orçamentária, dificultando o controle das contas públicas.[183]

De antemão, o Relator da Reforma apresenta justificativas para instituição da nova espécie tributária, iniciando com breves considerações sobre a distinção da natureza jurídica da cobrança, que atualmente são os fundos – "contribuições", que possuem natureza voluntária e corresponde a uma contrapartida para que o contribuinte possa valer-se de tratamento favorecido de ICMS, enquanto que a natureza tributária da cobrança instituída por meio da EC 45, da reforma tributária, é de exigência compulsória, e não se relaciona com nenhum tipo de benefício ou incentivo fiscal de ICMS, uma vez que estes deixam de existir. E prossegue

---

183. BRASIL. Senado Federal. *Parecer nº 88, de 2023*. Da COMISSÃO DE CONSTITUIÇÃO, JUSTIÇA E CIDADANIA, sobre a Proposta de Emenda à Constituição nº 45, de 2019, que altera o Sistema Tributário Nacional, e sobre a Proposta de Emenda à Constituição nº 46, de 2022, do Senador Oriovisto Guimarães, que Altera o Sistema Tributário Nacional e dá outras providências, e sobre a Proposta de Emenda à Constituição nº 110, de 2019, do Senador Davi Alcolumbre, que Altera o Sistema Tributário Nacional e dá outras providências. Relator: Senador Eduardo Braga. Brasília, 20 set. 2023, p. 43.

dizendo que de fato o **novo tributo criado enseja o aumento da carga tributária sobre os produtos primários e semielaborados.** E conclui afirmando que "não há sustentação jurídica na defesa da contribuição como substituta natural do recolhimento ao fundo estadual de infraestrutura e de habitação".[184]

Por derradeiro, no dia 15/12/2023, o texto da PEC nº 45, que propõe a reforma tributária, foi aprovado, sendo promulgada a Emenda Constitucional nº 132, de 20 de dezembro de 2023, e o dispositivo que traz a possibilidade de criação da nova contribuição nos termos a seguir (ADCT):

> Art. 136. Os Estados que possuíam, em 30 de abril de 2023, fundos destinados a investimentos em obras de infraestrutura e habitação e financiados por contribuições sobre produtos primários e semielaborados estabelecidas como condição à aplicação de diferimento, regime especial ou outro tratamento diferenciado, relativos ao imposto de que trata o art. 155, II, da Constituição Federal, poderão instituir contribuições semelhantes, não vinculadas ao referido imposto, observado que:
>
> I - a alíquota ou o percentual de contribuição não poderão ser superiores e a base de incidência não poderá ser mais ampla que os das respectivas contribuições vigentes em 30 de abril de 2023;
>
> II - a instituição de contribuição nos termos deste artigo implicará a extinção da contribuição correspondente, vinculada ao imposto de que trata o art. 155, II, da Constituição Federal, vigente em 30 de abril de 2023;
>
> III - a destinação de sua receita deverá ser a mesma das contribuições vigentes em 30 de abril de 2023;
>
> IV - a contribuição instituída nos termos do **caput** será extinta em 31 de dezembro de 2043.
>
> Parágrafo único. As receitas das contribuições mantidas nos termos deste artigo não serão consideradas como receita do respectivo Estado para fins do disposto nos arts. 130, II, "b", e 131, § 2º, I, "b", deste Ato das Disposições Constitucionais Transitórias."

184. *Ibid., loc. cit.*

Diante da aprovação da criação desta nova espécie tributária, é oportuno trazer algumas reflexões que podem ser consideradas no seguinte cenário "antes da aprovação do texto da reforma tributária"; "durante o período de transição" e "a partir da vigência da nova regra, com a possibilidade de cobrança do novo tributo".

Antes da aprovação do texto da reforma tributária – na vigência dos fundos estaduais sobre a produção agrícola, pecuária e mineral, como condição para valer-se de benefícios e incentivos fiscais de ICMS, como abordado no decorrer do desenvolvimento do presente trabalho, verifica-se que existem várias discussões no Judiciário, pendentes de julgamento sobre a constitucionalidade ou não da exação supostamente facultativa imposta pelos estados aos contribuintes que atuam no agronegócio.

A partir da aprovação do texto da reforma tributária, inicia-se um período misto de transição, em que os impostos atuais (ICMS, ISS, PIS, COFINS e IPI) deixarão de existir de forma gradativa ao longo do período de 10 (dez) anos, e de forma concomitante inicia-se a cobrança dos novos tributos (CBS e IBS) também de forma gradativa, a partir de 2026. Logo, os contribuintes terão que conviver com a incidência concomitante dos dois sistemas tributários (antigo e atual).

Também na **fase de transição federativa**, haverá redução dos benefícios fiscais do ICMS atuais, convalidados conforme a Lei Complementar nº 160/2017, que serão reduzidos em 10% ao ano entre 2029 e 2032. Por conseguinte, haverá proibição de prorrogação além de dezembro de 2032.[185]

185. BRASIL. Câmara dos Deputados. *Parecer de Plenário à Proposta de Emenda à Constituição nº 45-a, de 2019, apensada à PEC nº 293, de 2004.* Relator: Deputado Aguinaldo Ribeiro. Brasília-DF: Câmara dos Deputados, 2019, p. 11.

E especificamente sobre a transição dos fundos, dispõe:

> A PEC da Câmara permitiu que os Estados e o Distrito Federal (DF) instituíssem, até o final de 2043, contribuição sobre produtos primários e semielaborados, produzidos nos respectivos territórios, para investimento em obras de infraestrutura e habitação, em substituição a contribuição a fundos estaduais, estabelecida como condição à aplicação de diferimento, de regime especial ou de outro tratamento diferenciado, relacionados com o ICMS, prevista na respectiva legislação estadual em 30 de abril de 2023. Por sua vez, a PEC do Senado manteve essa possibilidade, mas exigiu que a contribuição sobre produtos primários e semielaborados não pode ser superior à das contribuições que substituir e terá a mesma destinação da receita (art. 136 do ADCT). **Além disso, alternativamente, determinou que a alíquota de referência dos Estados e do DF deve também compensar a redução das contribuições aos fundos estaduais de infraestrutura decorrentes da extinção gradual do ICMS**, exceto as mantidas nos termos do art. 136 do ADCT (art. 130, II, "b", do ADCT) e incluiu a receitas dos fundos de infraestrutura no cálculo da participação dos Estados na transição federativa (art. 131, § 3º, I, "b", do ADCT).[186]

Nessa linha de raciocínio, leva ao entendimento de que **até o ano de 2032**, quando ainda haverá a existência dos benefícios e incentivos fiscais vigentes atualmente, poderá ser mantida a cobrança dos fundos estaduais sobre as produções agropecuárias que já existiam em 30 de abril de 2023, como condição à aplicação de diferimento, de regime especial ou de outro tratamento diferenciado, relacionados com o ICMS.

A respeito das discussões judiciais em trâmite, vislumbra-se que prosseguem com sua tramitação processual normal, e mantido o interesse processual na discussão a fim de buscar o reconhecimento das inconstitucionalidades e ilegalidades apontadas, com objetivo de invalidar as leis

---

186. BRASIL. Câmara dos Deputados. *Parecer de Plenário à Proposta de Emenda à Constituição nº 45-a, de 2019, apensada à PEC nº 293, de 2004*. Relator: Deputado Aguinaldo Ribeiro. Brasília-DF: Câmara dos Deputados, 2019, p. 13.

instituidoras que deixaram de observar os preceitos constitucionais de forma total, desde a promulgação e vigência da lei (ou seja, sem modulação dos efeitos), tendo em vista todas as considerações acima destacadas.

Mas insta salientar que, a depender do entendimento a ser firmado pela Corte Suprema, nos casos de sua competência em ações de controle concentrado que tem eficácia contra todos (*erga omnes*) e efeito vinculante ou até mesmo em eventuais demandas individuais ajuizadas pelos produtores, em controle difuso, que podem ser julgadas por qualquer juiz ou tribunal, desde que obedecido o art. 97 da CF, que trata da cláusula de reserva de plenário, poderá também ter o reconhecimento parcial dos pleitos de inconstitucionalidade e consequente invalidação das leis estaduais, e até mesmo com modulação de efeitos, o que não se espera.

Passado o período de transição sobre os benefícios e incentivos fiscais que não poderão ser prorrogados para além do ano de 2032, surge a possibilidade para os Estados e o Distrito Federal instituírem, até o final de 2043, contribuição sobre produtos primários e semielaborados, produzidos nos respectivos territórios, para investimento em obras de infraestrutura e habitação, em ***substituição*** à contribuição a fundos estaduais, estabelecida como condição à aplicação de diferimento, de regime especial ou de outro tratamento diferenciado, relacionados com o ICMS, prevista na respectiva legislação estadual em 30 de abril de 2023.

Em que pese o texto aprovado trazer, de forma expressa, limites à possibilidade de instituição do novo tributo, ainda precisa de mais clareza, que ao que tudo indica será contemplada em lei complementar prevista no texto aprovado para regulamentar o disposto no art. 136 da Emenda Constitucional nº 132/2023.

Vale ressaltar ainda que deve ser preservada a coerência dos enunciados da Emenda Constitucional com as premissas basilares aplicadas ao Sistema Tributário Nacional, já constantes no texto constitucional. Nesse sentido, também a lei complementar regulamentando a possibilidade de instituição da nova contribuição deverá manter a harmonia com a Constituição Federal, respeitando os limites nela previstos sob pena de incorrer em conflito entre dispositivos do próprio texto constitucional.

O que se verifica nitidamente é que os Estados e o Distrito Federal em meio à discussão do texto da reforma tributária buscou garantir a possibilidade de arrecadação independente do Comitê Gestor do IBS, sob o discurso de que precisa garantir receita necessária para continuar promovendo o respectivo desenvolvimento regional das regiões que atualmente já possuem os fundos, que deixarão de ter os benefícios e incentivos fiscais relativos ao ICMS que servia como atrativo de investimento para as respectivas regiões.

Nesse contexto, conseguiram incluir os fundos, de tal forma que os torna constitucional, ao aprovar a possibilidade de instituição ainda que sobre outro título, mas mantendo-se a essência e objetivo de garantir esta receita dos seguintes estados: Mato Grosso do Sul, Mato Grosso, Maranhão, Tocantis e Goiás, que possuem os fundos estaduais incidentes sobre a produção agropecuária vigente em 30 de abril de 2023.

Contudo, em que pese a aparente constitucionalidade, ainda assim, vislumbra-se que a possibilidade de apenas alguns Estados instituírem a referida cobrança sobre os produtos agropecuários deságua no confronto de alguns princípios constitucionais, tais como: **i) violação da igualdade**, uma vez que haverá a possibilidade de cobrança por alguns estados, e por outros não, ficando evidente a desigualdade; **ii) violação do princípio da livre-concorrência** que tornará a produção agropecuária de alguns estados mais barata e de outros mais cara; **iii**) e consequentemente a **violação do princípio da dignidade da pessoa humana**, uma vez que ao tributar de forma diferenciada o agronegócio acaba influenciando o preço dos alimentos, que resulta em produtos mais caros para o consumidor final, afetando principalmente aqueles em situação de vulnerabilidade socioeconômica, e dificilmente terão acesso a alimentos saudáveis e adequados para uma vida digna; iv) e também a **não cumulatividade** continua sendo desrespeitada, uma vez que haverá incidência de forma cumulativa do novo imposto IBS/CBS e a nova contribuição.

Em especial com relação à dignidade da pessoa humana, por estar diretamente atrelada à questão dos alimentos que são produzidos pelo setor do agronegócio, destaca-se o que ensina Fabio Palleratti Calcini:

> Em síntese, o que se pretende, com este singelo texto, é reafirmar a necessidade de se respeitar o tratamento favorecido e diferenciado ao agronegócio, principalmente, quanto à cadeia voltada à produção de alimentos, de tal sorte que as medidas, até o momento propostas perante a PEC 45, quanto à reforma tributária, em momento algum, podem ser tidas como benesses, refletindo unicamente o determinado pelo texto constitucional.
>
> Mais do que isso, cabe um alerta: tratando-se de direitos fundamentais, e diante da vedação ao retrocesso social, nem mesmo emenda à constituição tem o condão de gerar restrição ou redução daqueles, de sorte que o aumento de carga tributária e de complexidade ao setor, sobretudo, para os alimentos, inegavelmente poderá ser declarado inconstitucional. [187]

E continuando a reflexão sobre eventuais inconstitucionalidades, ressai do texto aprovado mais duas reflexões, vejamos: **i)** a respeito da previsão expressa de que somente *"Os Estados que possuíam, em 30 de abril de 2023, fundos destinados a investimentos em obras de infraestrutura e <u>habitação</u> e financiados por contribuições sobre produtos primários e semielaborados estabelecidas como condição à*

187. CALCINI, Fabio Palleratti. Reforma tributária, alimentos e cesta básica. *Conjur*, São Paulo, 17 nov. 2023. Retirado de: https://www.conjur.com.br/2023-nov-17/reforma-tributaria-alimentos-e-cesta-basica/. Acesso em: 20 fev. 2024.

aplicação de diferimento, regime especial ou outro tratamento diferenciado, relativos ao imposto de que trata o art. 155, II, da Constituição Federal, poderão instituir contribuições semelhantes, não vinculadas ao referido imposto, (...)", conforme dispõe o enunciado do artigo 136, incluído no texto constitucional por meio da Emenda Constitucional 132/2023, – veja-se que **consta expressamente** que os **fundos** de investimentos em obras de **infraestruturas e habitação**, o que leva à conclusão de que somente o estado de Mato Grosso poderá instituir a nova contribuição em substituição aos fundos estaduais vigentes na data de 30 de abri de 2023, uma vez que tão somente o Fethab – Fundo estadual de habitação e infraestrutura, atende ao requisito expresso no enunciado do dispositivo constitucional em comento que claramente dispõe sobre "*fundos destinados a investimentos em obras de infraestrutura e habitação*, já que os demais fundos vigentes na data limite mencionada não fazem menção expressa sobre "infraestrutura e habitação", na forma destacada no texto aprovado.

E seguindo a análise destaca-se a **ii) violação do pacto federativo,** já que traz regra que prevê a possibilidade de criação de uma nova contribuição tão somente para um estado, no caso Mato Grosso, seguindo o entendimento aqui apresentado, ou estados, se desconsiderado o entendimento a respeito da literalidade do texto expresso no enunciado do art. 136, incluído pela EC nº 132/2023. Ainda assim, diante da possibilidade de criação de uma nova contribuição por um estado (MT) ou mais estados (MS, MA, TO, GO), em ambos os casos vislumbra-se que a possibilidade expressa de instituição do tributo em comento acaba ferindo o pacto federativo, uma vez que estabelece uma divisão clara de competências entre os entes (União, Estados e municípios) para evitar concentração excessiva de poder por algum deles.

E nesse caso, quando apenas um estado cria um tributo em detrimento dos demais, resulta em usurpação de competências tributárias que não estão previstas para aquele estado que agindo sozinho para criar um tributo acaba violando a regra sobre a divisão de competências estabelecida constitucionalmente.

Por conseguinte, esse movimento pode resultar em desequilíbrios e injustiças entre os diferentes estados, criando disparidades econômicas e sociais prejudiciais ao princípio de igualdade e solidariedade federativa. Portanto, violar o pacto federativo nesse contexto implica desrespeitar a ordem constitucional e comprometer a harmonia e a estabilidade das relações entre os entes federativos.

Por derradeiro, como ainda serão editadas as Leis complementares para regulamentar e tornar mais claro como funcionarão as novas contribuições a serem instituídas, já que diferente da regra vigente atualmente, da qual ressai a imposição de recolhimento aos fundos para usufruir benefícios e incentivos fiscais relativos ao ICMS, na vigência da nova contribuição incidente sobre a produção agropecuária não haverá benefícios e incentivos fiscais de ICMS, já que este e os benefícios/incentivos fiscais também deixarão de existir.

Portanto, dentro do atual contexto vigente, em que se tem apenas a promulgação da Emenda Constitucional nº 132, de 20 de dezembro de 2023, estas são as reflexões, mas na certeza de que, à medida que surgirem as Leis complementares, surgirão novas discussões e reflexões em torno deste tema.

CONCLUSÃO

De tudo que foi proposto a respeito dos fundos incidentes sobre a produção do agronegócio, vislumbra-se que o cerne principal da discussão ainda recai sobre a natureza jurídica dos fundos, e que consequentemente reflete nos demais preceitos constitucionais, contemplados pelo atual Sistema Constitucional Tributário, e que agora passa a ser analisado também sob a égide do enunciado da Emenda Constitucional nº 132, de 20 de dezembro de 2023, que traz a possibilidade de criação de um novo tributo, conforme dispõe o art. 136 do ADCT.[188]

Inicialmente foi proposta uma reflexão sobre a relevância do setor do agronegócio para a produção e acesso aos alimentos, uma vez que dentro da sua cadeia de produção vislumbram-se questões que fogem ao controle do produtor, tais como condições climáticas, a sazonalidade, a variação cambial, que tornam o custo da produção elevado, além do necessário investimento em adubos, defensivos agrícolas, maquinários, que representam altos

---

188. "Art. 136. Os Estados que possuíam, em 30 de abril de 2023, fundos destinados a investimentos em obras de infraestrutura e habitação e financiados por contribuições sobre produtos primários e semielaborados estabelecidas como condição à aplicação de diferimento, regime especial ou outro tratamento diferenciado, relativos ao imposto de que trata o art. 155, II, da Constituição Federal, poderão instituir contribuições semelhantes, não vinculadas ao referido imposto, observado que: [...]

investimentos, com retorno a longo prazo, que são custos absorvidos, na cadeia de produção, mas que é repassado na formação do preço dos alimentos destinado ao cidadão, consumidor final.

Consideradas as peculiaridades do setor que justifica uma tributação diferenciada, que atualmente é representada pelos incentivos e benefícios fiscais, como forma de minimizar o custo da produção. Em relação às operações de circulação de mercadoria, os estados trazem a previsão de incentivos e benefícios fiscais relativas ao ICMS, por meio de isenções, redução de base de cálculo, crédito presumido, diferimento do imposto, em alguns casos possibilitam o credenciamento a regimes especiais de recolhimento do ICMS, mas que deixarão de existir a partir de 2033, de acordo com o que dispõe o enunciado do art. 129, da Emenda Constitucional nº 132/2023.[189]

Logo, não se trata de privilegiar um setor ou atividade, mas sim de atingir o objetivo final que é tornar os alimentos mais acessíveis ao cidadão, respeitando-se e garantindo com isso a dignidade da pessoa humana, que é um dos fundamentos da República Federativa do Brasil.

Em meio a este contexto, alguns Estados, visando a atingir seus objetivos de fomentar o desenvolvimento da infraestrutura das estradas e habitação, criaram fundos como forma de viabilizar recursos por meio de uma "contribuição", sob o argumento de que é facultativa aos produtores, incidente sobre a produção vegetal, animal e mineral, e com isso poderiam manter seus benefícios e incentivos fiscais relativos ao ICMS, como uma forma de "sanção premial" por ter colaborado, e com isso viabilizado um dos objetivos a serem realizados pelo Estado. Contudo, não faz sentido associar o adjetivo *prêmio* à sanção que

189. "Art. 129. Ficam extintos, a partir de 2033, os impostos previstos nos arts. 155, II, e 156, III, da Constituição Federal."

eminentemente possui um caráter punitivo; assim, o prêmio não deve compor a estrutura da norma jurídica como uma espécie de sanção. Logo, a obrigação de recolher a "contribuição" aos fundos não é facultativa e nem se trata de sanção premial.

Na verdade, o que os estados propõem como faculdade atribuída aos produtores é uma obrigação que passa a ser discutida também por onerar a cadeia de produção do agronegócio. Claramente, a interpretação que ressai para o setor é de que na verdade é imposta uma obrigação de recolher aos fundos, como uma condição para usufruir os benefícios e incentivos fiscais do ICMS, trata-se de uma obrigação compulsória, que alguns estados acabam impondo sob pena do contribuinte produtor perder o direito de se valer dos incentivos e benefícios fiscais, e a aplicação de penalidade, na forma prevista nas respectivas leis estaduais.

Logo, surge a discussão inicial sobre a natureza tributária ou não dos fundos, que apesar de já ter sido enfrentada pelo Supremo Tribunal Federal no julgamento da ADIN 2056, que tratou do Fundersul, do estado do Mato Grosso do Sul, ainda é muito debatida pelos juristas por meio de novas ações judiciais que fazem a provocação do debate, não apenas no que tange à natureza do fundo, mas também a respeito da competência constitucional dos entes para instituição dos tributos, questionando a competência estadual para criar nova espécie tributária (adicional de ICMS); na sequência, sobre as limitações do poder de tributar, dentro da qual destaca-se a imunidade nas operações de exportação, como uma forma de limitação do poder de tributar, e que alguns estados restringem o direito do contribuinte de valer-se dessa benesse constitucional, uma vez que condicionam ao recolhimento dos fundos; dentre outros assuntos, como a violação de princípios constitucionais, que vai desde a violação da regra da não cumulatividade do ICMS, que também é um princípio constitucional que tem como objetivo evitar a tributação com efeito cascata, e considera a realidade da operação do produtor que inaugura a cadeia de produção sem ter crédito a aproveitar, e que absorve um grande custo do negócio; dentre tantos outros princípios e regras contemplados pelo Sistema Constitucional Tributário que é rígido.

Nesse sentido, apresentaram-se as legislações estaduais vigentes e a essência de cada uma delas, dentre as quais se destaca desde a primeira instituída até a última que foi aprovada na seguinte sequência: Fundersul (MS), Fethab (MT), FDI (MA), FET (TO), Fundeinfra (GO).

Fica evidente que os estados passaram a seguir a tendência inaugurada pelo estado de Mato Grosso do Sul, e à medida que cada um foi instituindo o seu próprio fundo, trouxe consigo algum ponto inovador, ampliando desde a base de incidência, a destinação dos recursos, majorando a carga tributária, alterando a forma de calcular, dentre outros.

E com isso também as discussões judiciais também aumentaram, com demandas individuais dos contribuintes (controle difuso), e as principais por meio de entidades representativas da classe rural por meio de proposição das Ações Diretas de Inconstitucionalidade, Pedidos de Suspensão de Segurança (controle concentrado), a fim de que o Supremo Tribunal Federal aprecie a validade destes fundos considerando a lei fundante, que é a Constituição da República. Neste contexto, apresentaram-se as principais discussões julgadas e pendentes de julgamento no STF e seus principais argumentos a respeito dos questionamentos realizados.

Nesse contexto, considerando que os julgadores em muitos casos limitam-se a invocar o primeiro fundo questionado e julgado pelo STF, a ADI nº 2056 do estado de Mato Grosso do Sul, muitas vezes de forma superficial, passa a destacar a diferença dos argumentos apresentados no caso já julgado, e os novos submetidos à análise pelo STF e perante os juízes singulares, a fim de garantir a segurança jurídica nas decisões, que devem analisar os detalhes de cada caso, demonstrando de forma clara e fundamentada os argumentos na hipótese que vislumbrar ser idêntica para fins de aplicação do precedente, bem como para decidir cada caso *sub judice* diante de seus novos questionamentos, a fim de assegurar a correta aplicação do direito.

Recentemente, o Supremo Tribunal Federal no julgamento da ADI nº 6.365, que trata do FET (TO), surpreendeu de forma contrária ao que foi decidido na ADI nº 2056 que tratava do Fundersul e concluiu pela inconstitucionalidade do FET, destacando que a exação possui natureza tributária, mais precisamente adicionada de ICMS (Julgado por meio de Sessão Virtual: 02 fev. 2024 a 09 fev. 2024. Publicação: DJE, 16 fev. 2024), enquanto no caso da ADI nº 7.363, referente ao Fundeinfra (GO), a Corte Suprema julgou prejudicada a ação direta de inconstitucionalidade em decorrência de circunstâncias supervenientes decorrentes da Emenda Constitucional nº 132, de 2023, com a inclusão do art. 136 no ADCT (Julgamento por decisão monocrática em 14 fev. 2024. Publicação: DJe, 16 fev. 2024).

Nota-se, claramente, que o assunto importa tanto para os estados, que por meio dos fundos possuem uma importante fonte de arrecadação, como também para o contribuinte, que inicialmente tinha uma benefício relacionado ao imposto de circulação de mercadoria, que ao que parece na prática foi substituído pelo pagamento do fundo, uma vez que em vez de pagar o ICMS integral e de forma antecipada, que é uma das consequências por não optar e recolher ao fundo, em substituição paga-se o fundo, que nada mais é do que uma condicionante ao exercício de um direito, por exemplo de ser agraciado com a imunidade nas operações de exportação.

E da análise comparativa da regra-matriz de incidência tributária de cada fundo, com a regra-matriz de incidência tributária do ICMS, verifica-se que o fato gerador e a base de cálculo de ambos são os mesmos, levando à conclusão de que se trata de um "adicional de ICMS".

Portanto, possui natureza jurídica tributária vez que atende aos requisitos do art. 3º do CTN, em especial a compulsoriedade, assim, os estados acabam criando uma nova espécie de imposto, que no caso mais se parece com um "adicional de ICMS", que tem sua validade questionada sob o prisma constitucional.

Dentre as inúmeras inconstitucionalidades, destaca-se a extrapolação do exercício da competência tributária pelos entes estaduais, que configura verdadeiro desvio de finalidade no poder de tributar, uma vez que os Estados que instituíram os fundos nitidamente utilizam-se da sua competência com objetivo diferente daqueles previstos no ordenamento jurídico.

Destacam-se também as seguintes inconstitucionalidades: (i) inconstitucionalidade por vinculação da receita do imposto, conforme previsão do enunciado do art. 167, inciso IV, da CF; (ii) violação das regras do Direito Financeiro (art. 167, XIV, da Carta Constitucional) e Lei de Responsabilidade Fiscal (art. 37, *caput*, e ao art. 163 da Constituição da República); (iii) inconstitucionalidade por inobservância de lei específica e ausência de convênio interestadual (art. 150, § 6°, da CF; [190] e 155, § 2°, XII, g, da CF); (iv) inconstitucionalidade pela não observância da não cumulatividade (art. 155, § 2°, I, da CF); (v) violação do princípio da igualdade (arts.

190. "Art. 150. Sem prejuízo de outras garantias asseguradas ao contribuinte, é vedado à União, aos Estados, ao Distrito Federal e aos Municípios:
§ 6º Qualquer subsídio ou isenção, redução de base de cálculo, concessão de crédito presumido, anistia ou remissão, relativos a impostos, taxas ou contribuições, só poderá ser concedido mediante lei específica, federal, estadual ou municipal, que regule exclusivamente as matérias acima enumeradas ou o correspondente tributo ou contribuição, sem prejuízo do disposto no art. 155, § 2.º, XII, g."

5º, *caput,*[191] e art. 150, II, da CF); (vi) violação ao princípio da bitributação; (vii) viola a imunidade nas operações de exportação (art. 155, § 2º, X, da CF); (viii) violação do princípio da livre-concorrência (art. 170, IV, da CF); (ix) violação de princípios da transparência e moralidade, além de resultar em desvio de finalidade (art. 37 da CF).

E por derradeiro, destaca-se que no dia 15 de dezembro de 2023, com a aprovação do texto da PEC nº 45/2019, que trata da reforma tributária sobre o consumo, a Emenda Constitucional nº 132, de 20 de dezembro de 2023, traz a possibilidade de instituição de uma contribuição semelhantes aos fundos em comento, incidente sobre produtos primários e semielaborados, produzidos nos respectivos territórios estaduais e Distrito Federal (DF), para investimento em obras de infraestrutura e habitação, em substituição à contribuição a fundos estaduais, estabelecida como condição à aplicação de diferimento, de regime especial ou de outro tratamento diferenciado, relacionados com o ICMS, prevista na respectiva legislação estadual em 30 de abril de 2023, com a possibilidade de vigência até o final de 2043, conforme dispõe o inciso IV do art. 136, da ADCT. Nesse sentido, a previsão abrange os estados de Mato Grosso do Sul, Mato Grosso, Maranhão, Tocantins e Goiás.

Oportuno destacar que, em torno da aprovação do texto da reforma prevendo expressamente a instituição e constitucionalização dos fundos, surgem três cenários: **i)** cenário atual, considerando as legislações estaduais vigentes e sendo questionadas judicialmente a respeito das inconstitucionalidades apontadas que podem resultar na invalidação das leis desde o seu nascedouro, que consequentemente, invalida a obrigação referente a operações

191. "Art. 5º Todos são iguais perante a lei, sem distinção de qualquer natureza, garantindo-se aos brasileiros e aos estrangeiros residentes no País a inviolabilidade do direito à vida, à liberdade, à igualdade, à segurança e à propriedade, nos termos seguintes: [...]."

ocorridas no passado (referente aos últimos 5 anos, à partir da propositura das ações judiciais, caso não tenha modulação dos efeitos), até o advento da lei estadual instituindo a nova contribuição; **ii)** período de transição federativa que no caso perdurará até a cessação dos benefícios e incentivos fiscais estaduais, relativos ao ICMS que não poderão ser prorrogados após 2032, já que desaparecerá a condição que atualmente é imposta aos contribuintes para recolher a contribuição aos fundos estaduais; **iii)** instituição de uma nova contribuição semelhante, que claramente passa a ser contemplada no texto da Constituição Federal, uma vez que surge por meio de emenda à constituição, com expresso e nítido caráter de tributo (compulsório) e com objetivo de aumentar a carga tributária.

Neste contexto, apesar da Emenda Constitucional nº 132/2023 prever a possibilidade de instituição de uma nova contribuição, contemplando limitações de data para instituição; limite de percentual de cobrança e de destinação da receita; e ainda a limitação de que somente os estados que já possuem os fundos estaduais vigentes na data de 30/04/2023 que poderão criar a contribuição em comento, é nítida a necessidade da regulamentação a fim de trazer segurança jurídica, que está prevista para ocorrer por meio de lei complementar, no prazo de até 180 (cento e oitenta) dias, contados a partir da promulgação da Emenda Constitucional nº 132/2023.

Portanto, nota-se que o assunto a respeito dos fundos estaduais é relevante, dado o seu impacto sobre o agronegócio, que acaba sendo onerado nas regiões que têm a respectiva cobrança, e com isso, tornando os produtos agrícolas e da pecuária mais caros não apenas para quem produz, mas também para o consumidor.

Nota-se, claramente, que os fundos comprometem os valores como a dignidade da pessoa humana, uma vez que torna o alimento mais caro para o consumidor final, e com isso, dificulta o acesso a alimentos saudáveis e uma vida digna pela população em situação de vulnerabilidade socioeconômica. Demais disso, também reflete na quebra de isonomia e igualdade, uma vez que em algumas regiões, a produção agropecuária será mais barata que em outras onde não houver a previsão de cobrança da exação tributária em comento, e consequentemente afetará também a livre-concorrência.

Diante de todo o contexto narrado na presente obra, em especial as evidentes inconstitucionalidades pendentes de julgamento no Judiciário, e a derradeira aprovação da reforma tributária, trazendo a possibilidade de criação de uma nova contribuição semelhante, evidente que o setor do agronegócio, que desempenha um papel importante para a econômica brasileira, é mais uma vez onerado.

REFERÊNCIAS

AMARO, Luciano. *Direito tributário brasileiro.* 18. ed. São Paulo: Saraiva, 2012.

APROSOJA Goiás. Associação dos Produtores de Soja, Milho e outros grãos agrícolas do Estado de Goiás. *Setor produtivo de Goiás se reúne com relator do PL de taxação do agro.* Goiânia, 12 nov. 2022. Disponível em: https://aprosoja-go.com.br/blog/2022/11/12/setor-produtivo-de-goias-se-reune-com-relator-do-pl-de-taxacao-do-agro/. Acesso em: 22 jul. 2023.

ATALIBA, Geraldo. *Hipótese de incidência tributária.* 5. ed. São Paulo: Malheiros,1994.

ATALIBA, Geraldo. *Sistema Constitucional Tributário Brasileiro.* São Paulo: Revista dos Tribunais, 1968.

ATALIBA, Geraldo; GIARDINO, Cléber. ICMS e IPI – Direito ao Crédito – Produção de Mercadorias Isentas ou Sujeitas à Alíquota "Zero". *Revista de Direito Tributário,* São Paulo, v. 12, n. 46, p. 73-89, out./dez. 1988.

ATALIBA, Geraldo; GONÇALVES, José Artur Lima. Crédito-prêmio de IPI: Direito Adquirido; Recebimento em Dinheiro. *Revista de Direito Tributário,* São Paulo, v. 15, n. 55, p. 162-179, jan./mar. 1991.

ÁVILA, Humberto. *Sistema constitucional tributário*. 4. ed. São Paulo: Saraiva, 2010.

BOBBIO, Norberto. Las sanciones positivas. *In:* RUIZ MIGUEL, Alfonso. *Contribución a la teoría del derecho*. Valência: F. Torres, 1980. p. xx-xx.

BORGES, José Souto Maior. *Isenções tributárias*. 2. ed. São Paulo: Sugestões Literárias, 1980.

BRASIL. Câmara dos Deputados. *Parecer de Plenário à Proposta de Emenda à Constituição nº 45-a, de 2019, apensada à PEC nº 293, de 2004*. Relator: Deputado Aguinaldo Ribeiro. Brasília-DF: Câmara dos Deputados, 2019.

BRASIL. Ministério da Economia. Receita Federal. *Demonstrativo dos Gastos Governamentais Indiretos de Natureza Tributária (Gastos Tributários)*. PLOA 2023. Brasília, set. 2023.

BRASIL. Ministério da Fazenda. Conselho Nacional de Política Fazendária. *Organograma*. Brasília, 2019. Disponível em: https://www.confaz.fazenda.gov.br/menu-de-apoio/organograma-1. Acesso em: 07 nov. 2023.

BRASIL. Portal da Transparência. Goiás. *Recursos do governo federal aplicados na localidade*. Brasília, 2022. Disponível em: https://portaldatransparencia.gov.br/localidades/5208905-goias?ano=2022. Acesso em: 22 jul. 2023.

BRASIL. Presidência da República. Lei nº 5.172 de 25 de outubro de 1966. Dispõe sobre o Sistema Tributário Nacional e institui normas gerais de direito tributário aplicáveis à União, Estados e Municípios. *Diário Oficial da União*, Brasília-SF, seção 1, p. 12452, 27 out. 1996.

BRASIL. Procuradoria-Geral da República. Parecer. *In:* BRASIL. Supremo Tribunal Federal. *Agravo de Instrumento nº 859.321/RJ*. Relator: Ministro Dias Toffoli. Julgamento: 29 nov. 2013. Órgão Julgador: Decisão monocrática. Publicação: DJe, 04 dez. 2013.

BRASIL. Senado Federal. *Parecer nº 88, de 2023*. Da COMISSÃO DE CONSTITUIÇÃO, JUSTIÇA E CIDADANIA, sobre a Proposta de Emenda à Constituição n° 45, de 2019, que Altera o Sistema Tributário Nacional, e sobre a Proposta de Emenda à Constituição n° 46, de 2022, do Senador Oriovisto Guimarães, que Altera o Sistema Tributário Nacional e dá outras providências, e sobre a Proposta de Emenda à Constituição n° 110, de 2019, do Senador Davi Alcolumbre, que Altera o Sistema Tributário Nacional e dá outras providências. Relator: Senador Eduardo Braga. Brasília, 20 set. 2023.

BRASIL. Supremo Tribunal Federal. *Ação Direta de Inconstitucionalidade nº 6.365/TO*. Relator: Ministro Luiz Fux. Julgamento por meio de Sessão Virtual: 02 fev. 2024 a 09 fev. 2024. Órgão Julgador: Tribunal Pleno. Publicação: DJE, 16 fev. 2024.

BRASIL. Supremo Tribunal Federal. *Ação Direta de Inconstitucionalidade nº 7.363/GO*. Relator: Ministro Dias Toffoli. Relator do acórdão: Ministro Edson Fachin. Julgamento: 25 abr. 2023. Órgão Julgador: Tribunal Pleno. Publicação: DJe, 04 maio 2023.

BRASIL. Supremo Tribunal Federal. *Medida Cautelar na Ação Direta de Inconstitucionalidade nº 2.056/MS*. Relator: Ministro Néri da Silveira. Julgamento: 02 dez. 1999. Órgão Julgador: Tribunal Pleno. Publicação: DJ, 14 dez. 1999.

BRASIL. Supremo Tribunal Federal. *Recurso Extraordinário nº 138.284-8/CE*. Relator: Ministro Carlos Velloso. Julgamento: 01 jul. 1992. Órgão Julgador: Tribunal Pleno. Publicação: 03 ago. 1992.

BRASIL. Supremo Tribunal Federal. *Recurso Extraordinário nº 387.047-5/SC*. Relator: Ministro Eros Grau. Julgamento: 06 mar. 2008. Órgão Julgador: Tribunal Pleno. Publicação: DJe, 24 mar. 2008.

BRASIL. Supremo Tribunal Federal. *Recurso Extraordinário nº 541.511/RS*. Relator: Ministro Ricardo Lewandowski. Julgamento: 22 abril 2009. Órgão Julgador: Tribunal Pleno. Publicação: DJe, 26 jun. 2009.

BRASIL. Supremo Tribunal Federal. *Recurso Extraordinário nº 576.189/RS*. Relator: Ministro Ricardo Lewandowski. Julgamento: 22 abr. 2009. Órgão Julgador: Tribunal Pleno. Publicação: DJe, 26 jun. 2009.

BRASIL. Supremo Tribunal Federal. *Recurso Extraordinário nº 602.492/MT*. Julgamento: 26 maio 2015. Órgão Julgador: Decisão monocrática. Publicação: DJE, 28 maio 2015.

BRASIL. Supremo Tribunal Federal. *Recurso Extraordinário nº 606.218/MT.* Relator: Ministro Luís Alexandre de Moraes. Julgamento: 04 maio 2018. Órgão Julgador: Decisão Monocrática. Publicação: DJe, 15 maio 2018.

BRASIL. Supremo Tribunal Federal. *Recurso Extraordinário nº 93.770/RJ.* Relator: Ministro Soares Muñoz. Julgamento: 17 mar. 1981. Órgão Julgador: Primeira Turma. Publicação: DJ, 03 abr. 1981.

BURANELLO, Renato. Conceito e Regime Jurídico do Agronegócio. Direito & Economia. Políticas Públicas. Curso Direito do Agronegócio. *Insper*, São Paulo, 13-17 set. 2021.

CALCINI, Fabio Pallaretti Calcini. Tributação Diferenciada no Agronegócio não é privilégio. *Conjur*, São Paulo, 20 out. 2017. Disponível em: https://www.conjur.com.br/2017-out-20/direito-agronegocio-tributacao-diferenciada-agronegocio-nao-privilegio/. Acesso em: 20 fev. 2024.

CALCINI, Fabio Pallaretti. A reforma tributária e o diálogo com o agronegócio. *Conjur*, São Paulo, 27 dez. 2019. Disponível em: https://www.conjur.com.br/2019-dez-27/direito-agronegocio-reforma-tributaria-dialogo-agronegocio/. Acesso em: 20 fev. 2024.

CALCINI, Fabio Pallaretti. Inconstitucionalidade da 'contribuição' do Fundeinfra pelo Estado de Goiás. *Conjur*, São Paulo, 14 abr. 2023. Disponível em: https://www.conjur.com.br/2023-abr-14/direito-agronegocio-fundeinfra-inconstitucionalidade-contribuicao/. Acesso em: 20 fev 2024.

CALCINI, Fabio Palleratti. Reforma tributária, alimentos e cesta básica. *Conjur*, São Paulo, 17 nov. 2023. Retirado de: https://www.conjur.com.br/2023-nov-17/reforma-tributaria-alimentos-e-cesta-basica/. Acesso em: 20 fev. 2024.

CALCINI, Fabio Pallaretti. *Parecer a respeito da eventual (in)constitucionalidade e (i)legalidade do Fundo Estadual de Infraestrutura (Fundeinfra), conforme Lei Estadual de Goiás nº 21.670, de 06 de dezembro de 2022*. São Paulo, 10 mar. 2023.

CARRAZZA, Roque Antonio. Convênios ICMS e art. 14 da lei de Responsabilidade Fiscal - sua Inaplicabilidade - Questões Conexas. *Revista de Estudos Tributários,* Porto Alegre, v. 3, n. 16, p. 140-158, nov./dez. 2000.

CARRAZZA, Roque Antonio. *Curso de direito constitucional tributário*. 30. ed., revista, ampliada e atualizada até a Emenda Constitucional n. 84/2014. São Paulo: Malheiros, 2015.

CARRAZZA, Roque Antonio. *ICMS*. 17. ed., rev. e ampl. até EC 88/2015 e de acordo com a Lei Complementar 87/1996, com suas ulteriores modificações. São Paulo: Malheiros, 2012.

CARVALHO, Aurora Tomazini de. *Curso de teoria geral do direito*: o constructivismo lógico-semântico. 6. ed. rev. e atual. São Paulo: Noeses, 2019.

CARVALHO, Paulo de Barros. *Curso de direito tributário*. 31. ed., rev. e atual. São Paulo: Saraiva, 2021.

CARVALHO, Paulo de Barros. *Direito tributário:* linguagem e método. São Paulo: Noeses, 2008.

CARVALHO, Paulo de Barros. *Regra-Matriz do ICM*. 1981. Tese (Livre-Docência) – Faculdade de Direito, Pontifícia Universidade Católica de São Paulo, São Paulo, 1981.

CARVALHO, Osvaldo Santos de. *Não cumulatividade do ICMS e princípio da neutralidade tributária*. São Paulo: Saraiva, 2013.

CHIESA, Clélio. *ICMS:* sistema constitucional tributário: algumas inconstitucionalidades da LC 87/96. São Paulo: LTr, 1997.

COELHO, Sacha Calmon Navarro. *Teoria geral do tributo, da interpretação e da exoneração tributária*. 4. ed. Belo Horizonte: Fórum, 2018.

DIDIER JR., Fredie *et al. Precedentes*. Salvador: JusPodivum, 2016.

DUARTE, Francisco Leite. *Direito Tributário*. 4. ed., rev., atual. e ampl. São Paulo: Revista dos Tribunais, 2022. Disponível em: https://proview.thomsonreuters.com/launchapp/title/rt/monografias/99937146/v4/page/RB-3. Acesso em: 12 ago. 2023.

GAMA, Tácio Lacerda. *Competência Tributária:* fundamentos para uma teoria da nulidade. 3. ed. rev. e ampl. São Paulo: Noeses, 2020.

HOUAISS, Antônio. *Dicionário Houaiss da Língua Portuguesa*. São Paulo: Moderna, 2015.

IBGE. Instituto Brasileiro de Geografia e Estatística. *SCN - Sistema de Contas Nacionais*. Rio de Janeiro: IBGE, 2021. Disponível em: https://www.ibge.gov.br/estatisticas/economicas/servicos/9052-sistema-de-contas-nacionais-brasil.html. Acesso em: 22 jul. 2023.

LINS, Robson Maia. *Curso de direito tributário brasileiro*. 2. ed., rev. e atual. São Paulo: Noeses, 2022.

LOUBET, Leonardo Furtado. Texto e Contexto no Direito Tributário. SOUZA, Priscilla (org.); CARVALHO, Paulo de Barros (coord.). *Congresso Nacional de Estudos Tributários.* v. 17. São Paulo: Noeses, 2020. p. 831-850.

LOUBET, Leonardo Furtado; BENTO, Marcelo Guaritá Borges; SOUZA, Pedro Guilherme G. de; BORGES, Manuel Eduardo C. M.; REBOUÇAS, Rodolfo Gil Moura; BRAGA, Ana Carolina Sponza. *Petição inicial da Ação Direta de Inconstitucionalidade nº 7.406/STF.* Brasília, 27 mar. 2023.

MACHADO, Hugo de Brito (coord.). *Sanções administrativas tributárias*. São Paulo: Dialética, 2004.

MACHADO, Hugo de Brito. *O Conceito de Tributo no Direito Brasileiro*. Rio de Janeiro: Forense, 1987.

MARANHÃO. Assembleia Legislativa. Lei nº 8246, de 25 de maio de 2005. Cria o Fundo Estadual de Desenvolvimento Industrial do Estado do Maranhão, e dá outras providências. *Diário Oficial*, São Luís, 25 maio 2005.

MARANHÃO. Tribunal de Justiça. Agravo de Instrumento nº 0804163-39.2020.8.10.0000. Relatora: Anildes de Jesus Bernardes Chaves Cruz. Julgamento liminar: 13 maio 2020. Órgão Julgador: Decisão Monocrática. Publicação: DJe, 18 maio 2020.

MARANHÃO. Tribunal de Justiça. Mandado de Segurança nº 0811982-24.2020.8.10.0001. Relatora: Juíza Oriana Gomes. Julgamento: 09 dez. 2021. Órgão Julgador: Quarta Vara da Fazenda Pública de São Luís-MA. Publicação: 14 jan. 2022.

MARINONI, Luiz Guilherme; MITIDIERO, Daniel; ARENHARDT, Sérgio. *Novo curso de processo civil.* v. 2. São Paulo: Revista dos Tribunais, 2015.

MATO GROSSO DO SUL. Assembleia Legislativa. Lei nº 3.984, de 16 de dezembro de 2010. Institui o Fundo para o Desenvolvimento das Culturas de Milho e Soja (FUNDEMS), e dá outras providências. *Diário Oficial do Estado,* n. 7.849, 17 dez. 2010. Disponível em: http://aacpdappls.net.ms.gov.br/appls/legislacao/serc/legato.nsf/1b758e65922af3e904256b220050342a/b62e88b68231ae40042577fc0048d417?OpenDocument&Highlight=2,Fundersul. Acesso em: 26 ago. 2023.

MATO GROSSO. Assembleia Legislativa. Lei nº 10.818, de 28 de janeiro de 2019. Altera a Lei nº 7.263, de 27 de março de 2000, que cria o Fundo de Transporte e Habitação - FETHAB, e a Lei nº 6.883, de 02 de junho de 1997, que institui o Programa de Incentivo ao Algodão de Mato Grosso - PROALMAT, e dá outras providências. *Diário Oficial,* Cuiabá, 28 jan. 2019, p. 8.

MATO GROSSO. Assembleia Legislativa. Lei nº 7.263, de 27 de março de 2000. Cria o Fundo de Transporte e Habitação-FETHAB, estabelece condições para o diferimento do ICMS em operações internas com os produtos agropecuários que elenca, fixa obrigações para os contribuintes substitutos nas operações com combustíveis e dá outras providências. *Diário Oficial,* Cuiabá, 29 mar. 2000.

MELO, José Eduardo Soares de. *ICMS:* teoria e prática. 15. ed. rev. e atual. Porto Alegre: Livraria do Advogado, 2020.

OLIVEIRA, Andre Felix Ricotta de. *Manual da não cumulatividade do ICMS:* a regra-matriz do direito ao crédito do ICMS. São Paulo: Noeses, 2017.

PAULSEN, Leandro. Constituição e Código Tributário Comentados: à luz da doutrina e da jurisprudência. 19. ed. São Paulo: SaraivaJur, 2023.

SANTIAGO, Igor Mauler; NUNES, Raphael Marcelino de A.; GOUVEIA, Marco Antônio Cintra; PORTO, Lais Khaled. Petição Inicial pedindo ingresso como amicus curie na ADI nº 6314, na qual a Sociedade Rural Brasileira (SRB) se insurgiu contra a Lei Estadual nº 7.263/2000 (e alterações